Der hermetische Bund teilt mit:
Sonderausgabe Nr. VIII

Dhyana

Mein Dank geht an Peter Windsheimer für das Design des Titelbildes, des Weiteren an Ariane und Michael Sauter.

Für Schäden, die durch falsches Herangehen an die Übungen an Körper, Seele und Geist entstehen könnten, übernehmen Verlag und Autor keine Haftung.

Copyright © 2015 by Christof Uiberreiter Verlag
Waltrop • Germany

Herstellung und Verlag:
BoD – Books on Demand, Norderstedt
ISBN 978-3-7386-5984-9

Alle Rechte, auch die fotomechanische Wiedergabe (einschließlich Fotokopie) oder der Speicherung auf elektronischen Systemen, vorbehalten
All rights reserved

Inhaltsverzeichnis

Vorwort... 4
Einleitung... 5
Anweisungen.. 8
Die zehn Stufen.. 10
  1. Kapitel: Äußere Bedingungen.............................. 10
  2. Kapitel: Beherrschung der Sinneswünsche............ 15
  3. Kapitel: Abschaffung der inneren Hindernisse......18
  4. Kapitel: Ordnung und Entschluss..........................24
  5. Kapitel: Nützliche geistige Tätigkeiten.................31
  6. Kapitel: Rechtes Üben..46
  7. Entwicklung der guten Eigenschaften...................33
  8. Überwindung der üblen Einflüsse......................... 53
  9. Die Heilung vom Bösen.. 58
  10. Die Erfahrung der höchsten Vollendung...............60

Anhang: Das Wesen des Geistes....................................67
        Die Wirklichkeit..67
        Tri Kaya, die drei Körper des Buddha........................ 68
        Verzeichnis der Fremdwörter........................ 69

Vorwort:

Es schnellte. Ich ging zur Tür und öffnete sie. Es war der Postbote. Er übergab mir eine Büchersendung vom Antiquariat Lange. Ich hatte ein Buch eines Saturni-Mitglieds bestellt, das sich sehr für den praktischen Buddhismus interessierte. Es heißt: „Praktische Wege zum Übersinnlichen in der Buddha-Lehre" von M. Steinke. Doch es war noch ein zweites Buch im Paket mit Namen „Dhyana", was so viel heißt wie Meditation, und genau meinen Vorstellungen entsprach. Es war ein Geschenk von Frau Lange, worüber ich mich sehr freute. Noch mehr freute ich mich über den Inhalt, das nicht nur chinesischen Ursprungs war, sondern auch die Thematik entsprach voll und ganz der hermetischen Philosophie und Praxis. Es ist nämlich in 10 Stufen aufgebaut, genauso wie „Der Weg zum wahren Adepten" bzw. wie es im „Baum des Lebens" durch seine 10 Sephiroths – im Zusammenhang mit den 22 Buchstaben und den 78 Tarotkarten – vorgegeben ist und sämtliche Entwicklung aufzeigt. Selbst im China gibt es diese Gesetzmäßigkeit, wie der französische Okkultist Papus in seinem Buch „Tarot der Zigeuner" über die Zahl 78 bestätigt hatte: „. . . *aber es existiert auch in China und Indien seit ältester Zeit, und wir werden sehen, dass es der Vater der meisten unserer heute bekannten Spiele ist."* (S. 278)
Selbst Ariane war der Meinung, dass es sich hierbei um ein hermetisches Werk handelt, da es den quabbalistischen Zehner-Schlüssel anwendet, um seine Lehren sinnvoll in den kosmischen Ablauf mit einzureihen.
Dieses Buch stammt ursprünglich aus dem 6. Jahrhundert und wurde von einem weisen und gelehrten Chinesen verfasst, und bringt uns die Erfahrung der Buddhisten der Nördlichen Schule nahe, was uns im Westen nur bereichern kann.

Einleitung:

In den Sekten des Tien-Tai werden vier Abhandlungen über Dhyana hoch verehrt. Die erste heißt: „Dhyana zum Erlangen unmittelbarer Erleuchtung" Sie wurde für diejenigen geschrieben, die nach unmittelbarer Erleuchtung verlangen. Diese wird durch einen einzigen Satz oder allein durch ein Wort hervorgerufen. Sie enthält eine Sammlung der Reden, die der Große Meister Chi Chi im Kloster von Kingchow in der Provinz Hopei gehalten hat. Einer seiner Schüler, Chang An, legte sie in zehn Bänden nieder.
Die zweite Abhandlung heißt: „Dhyana auf geregelten Pfaden." Sie besteht aus Reden des gleichen Meisters, die dieser im Kloster von N´rkwei hielt und die sein Schüler Fahchen niederschrieb. Diese Sammlung enthielt zuerst dreißig Bände, wurde aber später auf zehn beschränkt. Sie wurde Dhyana Paramita, der Ideale (oder Vollendete) Dhyana genannt.
Die dritte Abhandlung wurde zuerst „Dhyana auf ungeregelten Pfaden" genannt. Der Große Meister schrieb sie auf Verlangen von Mao-Shee, dem Minister des Großen Rates (in der Dynastie Chen 548-581). Sie bestand aus einem Band, der jetzt unter dem Namen: „Die Sechs Wunderbaren Wege des Dhyana" bekannt ist.
Die vierte Abhandlung wollen wir hier kennenlernen. Sie wurde von dem Großen Meister zur Unterweisung und Förderung seines eigenen Bruders, des Oberstleutnant Chen-Chi, geschrieben. Zweifellos ist sie das Ergebnis seiner reifen Kenntnis des Mahayana (großes Fahrzeug) und bildet den wirklichen Schlüssel zur Erleuchtung.
Die verschiedenen Titel dieses Buches wie „Anhalten und Erfahren", „Samapatti und Prajna (die übersinnlichen Fähigkeiten und die Weisheit)", „Ruhe und Besinnung", „Heiterkeit und Gelassenheit", entstammen der gleichen Quelle. Will man den Weg zu ihr zurückverfolgen und die Übungen und vollendeten Werke Buddhas ergründen, so begegnet man an ihrem Ursprung der Übung des Dhyana, die in dem einen Satz zusammengefasst werden kann: „Anhalten, an die Wahrheit zu denken, um (in sich) die Wahrheit selbst zu erfahren." Dies war die persönliche Erfahrung des Großen Meisters der Berge des Tien-Tai, als er während seines Aufenthaltes in den Bergen des Su eine Vision des Felsgipfels hatte. Von jener Zeit an blieb dieser Gedanke seine wesentlichste Eingebung. Man könnte sagen, dass der Dhyana, den der Meister übte und der Samadhi, den er erfuhr, ebenso wie die so beredsamen Vorträge, die er

hielt, im ganzen genommen nichts anderes waren als Darstellungen dieser Übung: (das unterscheidende Denken) anzuhalten, um (die Wahrheit) zu erfahren.

Mit anderen Worten: Was der Meister uns gelehrt hat, ist nichts anderes als die eigene geistige Erfahrung. Die tiefe Lehre der Tien-Tai-Schule und die umfangreiche Literatur des Studiums sind nur Ausweitungen eines einzigen Themas. Wenn man diese Auffassung des Dhyanas nicht anerkennt, dann ist es nicht möglich, die Lehren der Tien-Tai-Schule zu verstehen oder zu erörtern. Es genügt (dem Schüler Buddhas) nicht, sie zu studieren, man muss sie auch üben. Die rechte Denkverfassung besteht – nach dem „Erwachen des Glaubens" – darin, dass der Geist selbst seine unterschiedslose Wesenheit erfährt. Dies ist der Inhalt von vielen Sutras (Lehrtext) des Mahayana – so des Lankavatara Sutras, des Sutras des Sechsten Patriarchen. Die Wesenheit des Geistes kann nur von denen verstanden werden, die alle Vorstellungen einer Ichheit und jede Beschäftigung mit ihrem individuellen Sein überschritten haben. Diese Weisheit oder die eigene Natur erfahren, übertrifft alle Aufgaben des unterscheidenden (dualen) Denkens und lässt den „ursprünglichen Gedanken" aufstrahlen. Wenn der erleuchtete Bodhisattva in die wahre Samadhi eingeht, verschwinden alle Vorstellungen eines gesonderten Körpers oder Geistes. Nur die Eine, nicht unterschiedene Wahrheit, bleibt im Bewusstsein. Der Geist hat seine wahre Freiheit, seinen Frieden erfahren, die kein Gedanke einer Ichheit oder einer Individualität mehr zu verdunkeln vermag.

Wenn der Geist durch das Anhalten aller Gedanken zur Ruhe gekommen ist und Meditation oder Besinnung zu üben vermag, dann bedarf man nicht mehr der unterscheidenden Gedanken, sondern erfährt auf eine viel einsichtigere Weise Sinn und Bedeutung dieser Gedanken und Erfahrungen (Das Erwachen des Glaubens).

Betrachten wir die Welt, die uns umgibt, so erblicken wir überall Verderbtheit, begegnen überall Menschen, die gierig sind nach Vergnügen und Zerstreuung, die ihre Bedürfnisse nach selbstsüchtiger Bequemlichkeit zu befriedigen und ihre Vorurteile zu rechtfertigen suchen, die aber ihre Augen in voller Absicht verschließen. Wenige nur verstehen die Übung des Dhyanas. Anstatt dieses Buch zu studieren, verstecken sie es in ihrer Bibliothek. So ist ihre Arbeit vergebens. Aber noch einmal „übergebe ich diese Belehrung dem Holzschneider", damit er sie neu graviert und hoffe, dass jeder, der sie lesen wird, dies zu seinem Nutzen tut. Noch mehr, dass er diese Lehren in die Praxis umsetzt, um eine persönliche Erfahrung dieses unschätzbaren Kleinods zu gewinnen. Da meine Arbeit beendet ist, schreibe ich diese wenigen Zeilen als Einleitung.

Bhikshu Yuen Tso
Yu-Hang (durch Han Chow)
am ersten Tage des mittleren Herbstes des
Zweiten Shao-Sang (Dynastie Tsung 956-1273)

ANWEISUNGEN

des Großen Meisters Chi-Chi aus den Bergen des Tien-Tai, gegeben im Tempel des Shinch'an (während der Dynastie des Sui 581-618)

„Alles Übel meiden, alles Gute pflegen, den Geist rein erhalten", – das ist die Lehre Buddhas.

Verschiedene Wege führen zum Nirwana *(Mentalebene):* Der für uns wichtigste aber ist der Weg des Dhyanas. Es ist die Übung der Gedankenbeherrschung, die uns den Strom der Gedanken aufhalten und die Wesenheit der Wahrheit erfahren lässt. Es ist die Übung des „Anhalten und Erfahren". Wenn wir alles unterscheidende Denken aufgeben, dann werden wir nicht weiteren Irrtum anhäufen. Die Übung des „Erfahren" wird alle Täuschungen vertreiben. „Anhalten" (Passiv) bedeutet die Ruhe des inneren Bewusstseins, so dass „Erfahren" (Aktiv) mit einer goldenen Schaufel verglichen werden kann, die einen Schatz von überirdischem Reichtum ausgräbt. „Anhalten" bedeutet Eingehen in die wunderbare Stille und in den Frieden der Kraft-Substanz (Dhyana-Samapatti = Vollendung), während Erfahren das Eindringen in den Reichtum der Intuition und übersinnlichen Intelligenz (Matti-Prajna) bedeutet. Je weiter man auf diesem Pfad fortschreitet, um so reicher wird man an eigenen Entwicklungsmöglichkeiten und an Wohltaten für andere. Im Sutra des „Lotus des Guten Gesetzes" heißt es: „Unser Herr, Buddha, verbleibt für immer im Mahayana, da er die Wahrheit erfahren und übernatürliche Kraft der Intuition und Einsicht gewonnen hat. Durch dieses Vermögen bringt er allen Wesen die Befreiung."

Wir können diese beiden Fähigkeiten (Samapatti und Prajna) mit den Rädern eines Wagens oder mit den Flügeln eines Adlers vergleichen. Besitzt der Schüler nur ein Rad oder einen Flügel, fehlt ihm das **Gleichgewicht.** So sagt der Sutra: „Diejenigen, die nur die Güte und Wohltaten des Samapatti üben, nicht aber die Wahrheit erfahren, rechnen zu den Unwissenden, während jenen, die nur die Weisheit üben, nicht aber Güte und Mitleid lernen, die Ausgeglichenheit fehlt." Mögen auch die Irrtümer, die aus Mangel an Gleichgewicht entstehen, von jenen der Unwissenheit verschieden sein, so führen sie doch in gleicher Weise zu falschen Ansichten. Dies erklärt deutlich, warum man sowohl vorbereitet wie bereit sein muss, wenn man die beiden Fähigkeiten im Gleichgewicht halten will.

Der Sutra lehrt weiter: „Die Arhants (ein vollendetes heiliges Wesen), die vor allem den Intellekt entwickeln, vermögen nicht die wahre Natur der Buddhas wahrzunehmen. Die Mahasattva-Bodhisattvas (große Wesen), die die zehn immerwährenden Eigenschaften der Erleuchtung besitzen, gewahren zwar die wahre Natur der Buddhas. Wenn aber solche Wahrnehmung nicht vollkommen ist, so liegt dies an ihrer Überbetonung des Intellekts. Nur die Buddhas und Tathagatas („Der so Gegangene"; der kosmisch erleuchtete Mensch) haben die vollkommene Wahrnehmung, weil sie die Fähigkeit des Samapatti wie des Prajna in gleicher Weise entwickelt haben."

Müssen wir hieraus nicht mit Recht folgern, dass die Übung des Dhyanas der wirkliche Zugang zur vollkommenen höchsten Erleuchtung ist – der edle Pfad, dem alle folgen müssen, die die Lehre Buddhas angenommen haben, der Polarstern der Güte und der höchsten vollkommenen Erleuchtung?

Wer das hier Dargelegte genau verstanden hat, wird sich klar sein, dass die Übung des Dhyanas keine leichte Aufgabe ist. Um aber den Anfängern beim Überwinden ihrer Unwissenheit und Schwierigkeiten zu helfen und sie zur Erleuchtung zu führen, wollen wir die Übung des Dhyanas in möglichst einfacher Form erklären. Schwer wird dies sein, doch es ist unmöglich, auf andere Weise in die Tiefe zu dringen. Wir werden die Übung in zehn Teile aufgliedern, die gleichsam Stufen sind zur Erleuchtung und zum Nirwana. Wer die Wahrheit sucht, aber schon weiter fortgeschritten ist, möge dieses Buch nicht missachten, weil es für Anfänger geschrieben ist. Er bleibe bescheiden und vorsichtig, da auch ihm beim Üben Schwierigkeiten begegnen werden. Möglicherweise werden einige in der Lage sein, sich diese Lehren mit Leichtigkeit anzueignen. Dann haben sie die Schwierigkeiten in einem Augenblick überwunden und ihren Intellekt wie ihr übernatürliches Verständnis ins Grenzenlose gesteigert. Wenn man aber nur dem Buchstaben nach liest, ohne in die tiefere Bedeutung einzudringen, dann wird man nicht fähig sein, den Weg der Erleuchtung zu finden. Eine solche einfache Lektüre wäre nur Zeitverlust, und der Leser wäre mit einem Armen zu vergleichen, der seine Zeit damit verbringt, die Schätze eines anderen aufzuzählen, dabei aber selbst so arm bleibt wie zuvor.

Die zehn Stufen

1. Äußere Bedingungen
2. Beherrschung der Sinneswünsche
3. Abschaffen der Hindernisse, die der Meditation im Wege stehen
4. Vorschrift und Bestimmung
5. Nutzbringende geistige Tätigkeit
6. Rechtes Üben
7. Entwicklung und Offenbarung der guten Eigenschaften
8. Schlechte Einflüsse
9. Heilung vom Übel
10. Erfahrung der höchsten Erleuchtung

Diese zehn Stufen bilden die rechte Übung des Dhyanas. Um sie erfolgreich auszuführen, muss der Schüler Buddhas diesen Pfad ohne Umwege beschreiten und den Sinn der Übungen getreulich beachten. Vollbringt er dies gewissenhaft, dann wird der Geist ruhig. Die Schwierigkeiten werden überwunden, die Fähigkeit der Gedankenkonzentration, der inneren Schau und Einsicht wird entwickelt und am Ende die Höchste Erleuchtung (Anuttarasamyaksambodhi) erlangt.

Erstes Kapitel
Äußere Bedingungen

Wenn ein Schüler die Übung des Dhyanas beginnt und die Lehren dieses Buches in die Tat umzusetzen sucht, dann muss er die fünf äußeren Bedingungen erfüllen. Er muss entschlossen sein, die Vorschriften zu befolgen (nicht töten, nicht stehlen, sich sexueller Unreinheiten enthalten, nicht lügen und keine Rauschmittel nehmen), da in dem Sutra steht, dass alle Einsicht durch Befolgen der Vorschriften erreicht und dadurch alles Leiden beendet wird. Es ist also Aufgabe des Schülers, die Vorschriften unverfälscht zu halten. Demnach gibt es drei Arten (Rubriken) von Schülern, die unter verschiedenen Bedingungen die Vorschriften beachten. Zur ersten Art gehören jene, die vor ihrer Schülerschaft keines der fünf großen Verbrechen begangen haben. Nachdem sie die Beziehung zu einem gelehrten Meister aufgenommen haben, lernen sie die drei heiligen Zufluchten und die fünf grundlegenden Vorschriften, die alle Schüler Buddhas beachten müssen. Wenn keine Hindernisse während ihrer Studien auftreten, müssen sie die Beachtung der zehn Vorschriften noch zusätzlich lernen. Werden sie dann zu Bhikshus (Mönchen) und Bhikshunis (Nonnen), dann lehrt man sie, den Geist der Vorschriften zu beachten. Haben sie durch ihre Studien die Fähigkeit erlangt, die Vorschriften wörtlich wie dem Sinn nach zu befolgen, dann werden sie als würdige Schüler in der Nachfolge Buddhas erachtet. Mit Sicherheit vermögen sie dann den Dharma Buddhas durch ununterbrochene Übung des Dhyanas zu verwirklichen. Ihr Kleid ist gleichsam vollendet und wartet darauf, gefärbt zu werden.

Die Schüler der zweiten Art beachten die hauptsächlichen Vorschriften und vernachlässigen die weniger wichtigen. Doch um der Übung des Dhyanas willen bereuen sie dies. Auch sie werden als Befolger der Vorschriften angesehen und können sowohl in der Übung des Dhyanas wie in der Anwendung ihrer Intelligenz Fortschritte machen. Für sie gilt, dass ihr fleckiges, schmutzig gewordenes Kleid nach dem Waschen und Reinigen wieder getragen werden kann.

Zur dritten Art gehören jene Schüler, die zwar gelernt haben, die Vorschriften zu beachten, aber nicht nur die wichtigsten einzuhalten vergessen, sondern auch die geringeren vernachlässigen. Nach den Regeln des Hinayanas (kleine Fahrzeug) gibt es für sie überhaupt keine Möglichkeit, die Befleckung zu tilgen, die durch die vier großen Fehler (jede Art des Tötens, des Diebstahls, der Begierde, des Betruges) entstand. Im Mahayana aber werden religiöse Zeremonien vollbracht, wenn ein ernsthaftes Gefühl der Reue und des Bedauerns besteht, um von solchen Beleidigungen gereinigt zu werden. Der Sutra kennt zwei Arten von „heilen" Schülern: Die einen, die keine Fehler begehen, und die anderen, die nach dem Vergehen ernsthafte Reue empfinden.

Der Bereuende muss zehn Zeichen seiner Aufrichtigkeit geben: Die Ursache und Wirkung seines Fehlers erkennen und bekennen, ein Gefühl des Bedauerns empfinden, Demut üben, nach Mitteln suchen, um sich zu reinigen und, sind diese in den Sutras des Mahayana gefunden, auch von ihnen Gebrauch machen. Sie müssen den Fehler offen eingestehen, den Strom der Gedanken, die an diesem Fehler haften, abschalten, Nutzen aus dem mutigen Schutz ziehen, den der Dharma (Gesetz, Recht, Sitte) verleiht, die Befreiung aller Lebewesen wünschen und das Gelübde erneuern, ihnen allen zu helfen. Unaufhörlich müssen sie im Geist die Erkenntnis von dem

Nichtsein des Fehlers und die Reue bewahren.
Wenn der Buddhist erkennt, dass er falsch gehandelt hat, soll er nicht an diesem Gedanken hängen bleiben. Denn wenn man sich auf einen Gedanken konzentriert, wird dessen Kraft verstärkt. So wird das Denken gequält und die für den geistigen Fortschritt notwendige Ruhe nicht hergestellt. Man muss seinen Fehler einsehen, soweit es möglich ist, ihn wieder gutmachen und den Entschluss fassen, von nun an das getane Übel zu meiden und sich auf das zu vollbringende Gute konzentrieren.
Lässt der Schüler diese Zeichen der Aufrichtigkeit erkennen, dann muss er einen Altar mit rituellem Schmuck bekränzen und seine Gesinnung rein erhalten. In neue gepflegte Gewänder gekleidet, muss er dann auf diesem Altar vor dem Bild Buddhas ein Opfer aus Blumen und Weihrauch bringen. Eine Woche lang fährt er als Zeichen seiner Reue hierin fort. Es mögen in dieser Weise auch drei Wochen, ein Monat, drei Monate, selbst ein Jahr vergehen, solange wie die Vorstellung seines Schuldigseins in seinem Geist lebendig bleibt.
Woran aber, so könnte sich die Frage stellen, merkt der Schüler, dass er von seiner Schuld freigeworden ist? Verschiedene Gefühle werden ihm hierfür zum Zeichen, wenn er aus ganzem Herzen diese vorgeschriebenen Riten der Reue ausgeführt hat.
Während der Übung spüren wir, wie Körper und Geist leicht und beweglich werden. In unseren Träumen steigen wohltuende Bilder oder besondere Zeichen günstiger Vorbedeutung auf. Unser Denken wird gute Fortschritte machen, oder der Körper sich wie eine Wolke fühlen, die frei in der Luft schwebt. Wir können auch im Dhyana (Meditation) die Empfindung erlangen, als würden wir im Schatten unseres Körpers sitzen. In solchen Zuständen erfahren wir nach und nach die vielfältigen Aspekte des Dhyanas oder empfangen plötzliche Erleuchtung. Nun verstehen wir die Bedeutung aller Erscheinungen und gewinnen überdies eine tiefere Kenntnis von Sinn und Bedeutung der Lehren der Sutras. Es wird kein Kummer, keine Sorge mehr Raum in unserem Bewusstsein haben, wenn wir tiefer in die Freude des *göttlichen* Dhyanas eindringen, sie werden uns zur Offenbarung und zum Zeugnis unserer Reinigung von den Verfehlungen gegenüber den Vorschriften, die unsere Dhyana-Übung hinderten. Wenn wir diese nun genau befolgen, werden wir den rechten Dhyana üben und die anderen werden unserer Läuterung gewahr. So gleichen wir einem Kleid, das zerrissen und befleckt war und das nun gereinigt, genäht und neu gefärbt wurde. Spürt jemand, der die

hauptsächlichsten Vorschriften verletzte, dass ihn dies an der erfolgreichen Übung des Dhyanas hindert, dann gehe er vor ein Bild Buddhas und bekenne in aufrichtiger Demut diese Verfehlung. Diese Methode der Reueübung entspricht nicht dem Weg, den der Sutra aufzeigt. Doch sollte er seines Fehlers nicht immer wieder gedenken, sondern aufrecht und gerade sitzend, voller Entschlossenheit, sich daran erinnern, dass seine bösen Handlungen keine eigene Natur besitzen. Er sollte sich im Geiste auf die Wirklichkeit der Buddhas in den sechs Regionen im Körper besinnen. Sie entsprechen den Dhyani-Buddhas, wobei jeder einer göttlichen Idee, einem Mudra und einem Element zugehörig ist. Wenn seine Gedanken von dieser Übung abweichen, möge er sich erheben und wieder vor das Bild Buddhas treten, ihm Weihrauch opfern, mit demütigem und aufrichtigem Herzen sein Bekenntnis wiederholen, die Vorschriften und ein Sutra des Mahayanas aufsagen. Dann werden die Hindernisse, die sich der Übung des Dhyanas entgegenstellen, allmählich verschwinden. Die Versuchung, die Vorschriften zu vergessen, wird überwunden und man schreitet in der Übung des Dhyanas fort.

In der „Schrift über den Wunderbaren Vorschlag" heißt es: „Wenn einer, der ein Verbrechen begangen hat, sich in großer geistiger Unruhe befindet und inbrünstig nach Reinigung verlangt, dann gibt es kein besseres Mittel, als Dhyana zu üben."

1. Der Schüler muss sich hierfür einen ruhigen Ort an der Luft suchen und mit Entschlossenheit und tiefster Sammlung Sutras des Mahayanas aufsagen. So wird er sich allmählich von dem Gedanken an seine Schuld freimachen und zur rechten Zeit Dhyana und die gewohnten Zustände des Samadhi erfahren.

2. Die zweite äußere Bedingung, die erfüllt werden muss, wenn man Erfolg in der Übung des Dhyanas erstrebt, bezieht sich auf Kleidung und Ernährung. Wir müssen die Bekleidung von dreierlei Gesichtspunkten aus betrachten:

a) Wenn wir genügend Willenskraft besitzen, um Kälte zu ertragen, dann können wir dem Beispiel der Meister des Himalaja folgen (Stauung des Feuerelementes) und nur ein einziges Kleidungsstück tragen, um unsere Nacktheit zu bedecken.

b) Wenn wir als pilgernde Mönche die Welt durchwandern, müssen wir dem Beispiel des Mahakasyapas (ein Schüler Buddhas) folgen und unsere Kleidungsstücke auf drei alte und abgetragene beschränken.

c) Wenn wir in kalten Gegenden leben, erlaubt uns Buddha ein

Kleidungsstück mehr zu besitzen. Von den hundert anderen Dingen, die uns scheinbar notwendig sind, dürfen wir nur ein einziges behalten und müssen damit zufrieden sein. Sind wir anderer Dinge begierig, dann werden unsere Gedanken sich zerstreuen, und alle diese Dinge werden zum Hindernis auf unserem Weg zur Erleuchtung.

Für die Ernährung gibt es vier Möglichkeiten:

a) Man kann dem Weg der großen Meister auf den Berghöhen folgen und sich von Gräsern und Früchten der Jahreszeit nähren.

b) Man kann dem Weg der pilgernden Mönche folgen, die ihre Nahrung erbetteln und die der Versuchung widerstehen, den vier Wegen des Übels nachzugehen. Diese sind: Für andere arbeiten und dafür Geld annehmen; den Lebensunterhalt durch Vorhersagen des Sterneinflusses auf menschliche Angelegenheiten verdienen, die Zeichen hingeworfener Erde lesen oder, vor allem, den Reichen und Mächtigen Schmeicheleien prophezeien. Die Gefahren solcher üblen Lebensführung wurden von Sariputra (Hauptschüler Buddhas) beschrieben.

c) Die dritte Art des rechten Lebens ist der Aufenthalt an einem einsamen Ort und das Abhängigsein von den Geschenken großzügiger Laien.

d) Die vierte Art ist das Leben in einer Gemeinschaft. Auf die eine oder andere dieser vierfachen Weisen empfangen wir die notwendige Kleidung und Nahrung. Dies bedeutet, dass wir ohne eine solche gute Vorbedingung unsere Gedanken auf dem Wege zur Erleuchtung nicht in Ruhe und Frieden bewahren können.

3. Die dritte äußere Notwendigkeit für den Erfolg der Dhyana-Übung gilt der rechten Behausung. Sie sollte ruhig sein und frei von aller Art Störung und Unbequemlichkeit. Dreierlei Gegenden sind für die Übung des Dhyanas geeignet:

a) Eine fast unzugängliche Einsiedelei auf einem hohen Berg.

b) Eine kleine Hütte, wie die von Bettlern oder pilgernden Mönchen. Diese sollte zumindest 2½ km vom nächsten Dorf entfernt sein und nicht durch Rufe von Schafhirten, durch Lärm oder Unruhe gestört werden.

c) Ein Bett in einem Kloster außerhalb menschlicher Behausung.

4. Die vierte äußere Bedingung, die für die Übung des Dhyanas notwendig ist, bezieht sich auf die Befreiung von allen Banden materieller Angelegenheiten.

a) Dies bedeutet das Aufgeben aller sozialen Verpflichtungen und Verantwortlichkeiten.

b) Sich zurückziehen von allen weltlichen Beziehungen und Interessen (d.

h. Verzicht auf jedes weltliche Leben).
c) Aufgeben aller materieller Interessen, wie die Tätigkeit eines Unternehmers, Arztes, Angestellten, Kaufmanns, eines Wahrsagers usw.
d) Verzicht auf Studien, auch auf scheinbar wichtige, wie das Lesen, auf Schreiben von Vorträgen oder Büchern, ebenso auf Besuch von Kursen usw. Dies alles soll aufgegeben werden, weil unsere Gedanken durch solche Interessen nicht mehr ruhig und frei sind, um Dhyana zu üben und die Erleuchtung zu erlangen. Auch kann man bei zerstreutem, ermüdetem oder erregtem Denken kaum Dhyana üben.
5. Die fünfte äußere Bedingung, die für den Erfolg im Dhyana notwendig ist, betrifft die Menschen, mit denen wir in Beziehung stehen. Wir dürfen uns nur drei Arten von Menschen mit edler Gesinnung nahen: Den Laien, die für unser Essen und unsere Kleidung sorgen, und die mit Klugheit darüber wachen, dass wir vor Mühen und Kummer bewahrt bleiben; den Ordensbrüdern, mit denen wir freundschaftlich in einem Geist des Wohlwollens und der gegenseitigen Duldsamkeit zusammenleben; den Meistern und Gurus, die uns belehren, uns den Weg zu den rechten äußeren und inneren Bedingungen weisen und Interesse wie Freude an der Übung des Dhyanas in uns wecken.
Hiermit endet die Beschreibung der Herrschaft über die äußeren Bedingungen. Im Folgenden werden wir die inneren Bedingungen kennenlernen und die Art, diese zu beherrschen.

Zweites Kapitel
Beherrschung der Sinneswünsche

Zu den Wünschen, die beherrscht werden sollen, gehören alle Begierden, die geweckt werden durch die jedem Lebewesen zugehörenden Sinne: durch Sehen, Hören, Riechen, Schmecken, Tasten. Wenn wir Erfolg in der Übung des Dhyanas erhoffen, müssen wir die durch diese Sinne erwachenden Begierden unter strenger Zucht halten. Die fünf Arten körperlichen Begehrens können leicht zu Torheit, Täuschung und Begierden führen. Wenn wir deutlich erkannt haben, dass unsere Fehler und Schuldgefühle nur Ergebnisse solcher Wünsche sind, dann werden wir nicht mehr an ihnen hängen. Doch es bedarf unaufhörlicher Aufmerksamkeit, um sie zu beherrschen.

1. An erster Stelle steht die Beherrschung der Wünsche, die durch Sehen entstehen. Unter ihnen nehmen die sinnlichen Begierden die erste Stelle ein. Sie werden hervorgerufen durch glänzende Augen, schmale Augenbrauen, durch rote Lippen, weiße Zähne, durch Schmuck, aufreizend farbige Kleider, wie grün, gelb, rot, weiß, purpur, lila . . . Dies alles zieht den Blick des Unvernünftigen an und erweckt übles Begehren. Es war allein die Schönheit seiner Geliebten, die den König Bimbisara verführte, sein Leben in Feindesland aufs Spiel zu setzen, um im Haus seiner Freundin, der Dame Abrahmapara zu bleiben. Das gleiche gilt auch für den König Khotan, der aus eifersüchtigem Rachegefühl eine große Zahl von Menschen tötete. Solche Bosheiten entstehen aus Begierden, die das Auge hervorruft.

2. An zweiter Stelle steht die Beherrschung der Wünsche die durch Hören wachgerufen werden. Zu ihnen gehört: Musik der Harfen und Leiern, der Instrumente aus Seide, Bambus, Metall und Stein. Ebenso die Musik tanzender und singender Frauen, die Verse aufsagen und Lob spenden. Sobald wir Schüler Buddhas solche melodischen Klänge vernehmen, werden unsere Herzen verdunkelt, wird unser Denken gefangen, und wir werden zu schlechten Handlungen verführt. So geschah es den fünfhundert Schülern, die in einem Kloster im Himalaja lebten. Als sie die Lieder des jungen Mädchens Chindra hörten, verloren sie ihren Eifer in der Übung des Dhyanas und wurden rasend vor Begierde und Erregung. Dies lässt uns erkennen, dass Klänge Quelle des Übels und des Irrtums sein können.

3. An dritter Stelle steht die Beherrschung der Wünsche, die der Geruchssinn erweckt. Hiermit ist der Geruch gemeint, der von sinnlich erregten Körpern, von saftiger Nahrung und von allen feinen Wohlgerüchen ausgeht. In unserer Verblendung erkennen wir nicht die wahre Natur des Duftes, sondern verlangen nach dem Wohlgeruch, der uns anzieht und werden von ihm beherrscht. Dies öffnet das Tor zur moralischen Verderbnis. So geschah es einem Bhikshu, der von dem Duft der Lotusblumen eines Weihers, nahe seinem Kloster, so überwältigt wurde, dass er die Übungen des Dhyanas vernachlässigte, um länger seine Leidenschaft für diese Blumen zu befriedigen. Der Deva dieses Teiches tadelte ihn voller Strenge: „Warum stiehlst du mir meine lieblichen Düfte?" Von solchen Wohlgerüchen angezogen, erwecken wir schlafende Wünsche in uns und stürzen uns in geistige Verblendung. Erkennen wir aber die Ursachen und Bedingungen, dann wissen wir, dass der Wohlgeruch die Ursache übler Handlungen ist.

4. An vierter Stelle steht die Beherrschung der Begierden, die aus dem Geschmackssinn erwachen, d. h. aus allen Arten erfreulicher Schmackhaftigkeiten, die durch Essen oder Trinken von Bitterem, Gegorenem, von Süßem, Gewürztem, Gesalzenem und Kaltem angeregt werden. Alle diese erfreulichen Genüsse ergötzen die Zunge und erregen das Herz zu Ausschweifungen und Bösem. So hatte ein lamaistischer Mönch Tibets solchen Heißhunger auf Käse, dass es von ihm heißt, er sei nach seinem Tode ein Käsewurm geworden. Solche Beispiele zeigen uns, dass der Geschmackssinn die Quelle vieler Fehler ist.
5. An fünfter Stelle steht die Beherrschung der Wünsche, die aus dem Tastsinn entstehen. Unser Körper ist sehr empfänglich für Zartes und Glänzendes. Im Winter verlangt er **Wärme**, im Sommer **Kühle**. Wir kennen so wenig die wahre Natur solcher Empfindungen, dass sich unser Denken durch die Berührung von angenehmen Dingen verkehrt und verrückt. Dadurch wird unser Streben nach Erleuchtung gehindert und gehemmt. So verlor ein Einhorn-Geist seine übernatürlichen Fähigkeiten, weil er leidenschaftlich Dinge angenehmer Berührung suchte. Aus solchen Gründen und Umständen erkennen wir, wie töricht und falsch es ist, erfreuliche Berührungen zu suchen und ihrer Verführung zu unterliegen.
Die hier angegebenen verschiedenen Arten, unsere Wünsche zu beherrschen, stammen aus dem Mahavibhasa Sutra. Dort heißt es auch, dass „wir trotz der Nachteile, die aus den sinnlichen Begierden hervorgehen, weiter nach ihnen verlangen". Je mehr wir uns den sinnlichen Wünschen überlassen, um so stärker erregen sie uns. Dies gleicht einem brennenden Haus: Je mehr entzündlicher Stoff vorhanden, um so größer wird das Feuer sein. Man könnte miteinander wetteifernde sinnliche Begierden auch mit Vögeln vergleichen, die sich um ihre Beute streiten. Die Begierden verbrennen uns wie eine flammende Fackel, die gegen den Wind getragen wird. Oder sie schaden uns, als gingen wir über Schlangen. Wir können sie auch mit Träumen vergleichen, aus denen wir voller Schrecken erwachen. Manchmal flammen sie nur so kurz auf wie ein Funken. Die Weisen haben sie als Feinde erkannt. Wir aber benehmen uns trotzdem wie arme Irre und sind voller Begierden, solange wir leben, nicht begreifend, dass diese Qualen und Leiden ihre üble Wirkung auch nach dem Tod des Körpers in der folgenden Wiedergeburt behalten werden.
Nach diesen fünf Arten sinnlicher Begierde verlangten vor uns gierig die Tiere. Ihre beklagenswerten Wirkungen treffen auch uns. Wir sind ihre Sklaven und können durch ihre Macht auf die drei niederen Ebenen

hinabgestoßen werden. Selbst in den heiligen Augenblicken des Dhyanas und Samadhi bleiben die Begierden in uns und verhindern den Erfolg der Übung. Welch unglaubliche Feinde sind es! Wir müssen vor ihnen fliehen, sobald wir ihrer ansichtig werden. Der Dhyana-Sutra spricht in folgender Weise von ihnen:
„Die unaufhörlichen Leiden von Geburt und Tod sind auf die sinnlichen Begierden und auf die Lüsternheit zurückzuführen. Wenn deine Kinder groß geworden sind, verwandeln sie sich zu deinen Feinden, und alles, was du getan hast, ist vergeblich. Nach deinem letzten Atemzug bist du in deinem Grab eingesperrt. Wie abstoßend ist dein Leichnam, wie voller Fäulnis! Aus den fünf Öffnungen fließen übelriechende Säfte. Du aber, du Narr, wälzt dich in ihnen, wie die Made in der Fäulnis. Bist du aber weiser und hast die Leere und Unbeständigkeit des Körpers erkannt, wirst du dich von ihren Reizen befreien und dein wahres Nirwana finden. Du musst der Lehre Buddhas folgen und, während du Dhyana übst, jeden Augenblick mit allen deinen Gedanken und deinem ganzen Herzen deine Atemzüge zählen. Das ist die Übung eines ernsthaften Bhikshus."

Drittes Kapitel
Abschaffung der inneren Hindernisse
(die der Meditation im Wege stehen)

Es gibt fünf Arten von inneren Hindernissen, die unterdrückt werden müssen:
1. Zuerst die sinnlichen Begierden, die durch Erinnerung oder Phantasie im Geist selbst geweckt werden. Wir sprachen schon im vorangegangenen Kapitel im Hinblick auf die äußeren Bindungen von den sinnlichen Begierden. Hier aber hatten wir die körperlichen Wünsche im Auge, die aus der physischen Berührung der Sinne mit dem Gegenstand ihrer Wahrnehmung entstehen. Jetzt aber gilt es, den geistigen Aspekt dieser Wünsche zu betrachten, so wie sie sich im Bewusstsein darstellen oder entfalten. Ein Schüler Buddhas kann auf sehr ernsthafte Weise Dhyana üben, sein Bewusstsein aber ist angefüllt mit verführerischen Vorstellungen und dem Durst sinnlicher Begierden. Diese ununterbrochene Aktivität wird tatsächlich das Wachstum guter Eigenschaften hindern. Sobald wir uns der Gegenwart solcher Vorstellungen von sinnlichen Begierden bewusst

werden, sollten wir uns von ihnen freimachen. Denn wir müssen uns nicht wundern, wenn die Flamme des inneren Begehrens alle unsere guten Eigenschaften aufzehrt, wie es Jubhaga geschah, dessen Körper vom inneren Feuer der Begierde ausgeglüht wurde. Wer an inneren Begierden Genuss hat, wird wenig Fortschritt auf dem Pfade zur Erleuchtung machen. Und warum dies? Weil seine inneren Wünsche eine Hochburg von Qualen sind, die so sehr das Bewusstsein belasten, dass sie sogar den Gedanken an die Befreiung aus ihm fortjagen.

Es steht im Sutra geschrieben: „Der du nach Erleuchtung strebst, sei demütig und bescheiden. Wie kannst du, der du die Almosenschale trägst, um allen Lebewesen Wohltaten zu erweisen, dich selbst bei gemeinen Wünschen aufhalten und dich in das Meer der fünf Hindernisse versenken? Wie kommt es, dass du, der du dich von den äußeren Wünschen hast befreien können, der du ihre Freuden aufgegeben und ohne Bedauern zurückgelassen hast, jetzt ihren Schatten nachjagst? Bist du ein Irrer, der zu seinem eigenen Auswurf zurückläuft? Diese Vorstellungen sinnlicher Begierden, nach denen du mit Seufzen verlangst, führen unvermeidlich zum Leiden. Sind sie befriedigt, erwacht ihre Gegenseite. Sind sie nicht befriedigt, entsteht Qual. In beiden Fällen liegt kein Glück. Welches gewaltige Mittel liegt in deiner Hand, um dich von diesen leidvollen Wünschen zu befreien! Hast du zutiefst das Glück gefunden, das aus der rechten Übung des Dhyanas erwächst, dann wirst du nicht mehr von diesen täuschenden Vorstellungen betrogen."

2. Die zweite innere Bindung ist die Fessel des Hasses, das wesentlichste Hindernis auf dem Weg zur Befreiung. Zugleich ist der Hass auch Grund und Auslösung unseres Sturzes in unheilvolle Daseinsformen. Er ist der Feind, der uns vom Dharma Buddhas fern hält, der Dieb, der uns die Gedanken des Wohlwollens gegen die Lebewesen beraubt. Er ist die Quelle der bösen Worte, die willkürlich überall aufflammen. Während der Übung des Dhyanas sollten wir unsere geistige Anlage zum Hass wie ein Wesen behandeln, das nicht nur uns selbst quält, sondern auch unsere Nächsten, selbst unsere Feinde. Dies nicht nur in der Gegenwart, sondern auch in der Vergangenheit, die in der Erinnerung erhalten bleibt. Das gleiche wird sich in der Zukunft ereignen. Der Hass verursacht Qualen, die ihrerseits Beunruhigungen hervorbringen. So erregt der Hass immer weiter den Geist, und wir können von ihm als dem größten Hindernis sprechen. Wir müssen ihn an der Wurzel abschneiden und somit sein Wachstum hindern.

Suprapunna fragte den Buddha: „Wovon müssen wir uns lösen, wenn wir

Frieden und Freude finden wollen? Was müssen wir tun, um den Sorgen zu entfliehen? Welches Gift frisst alle unsere guten Gedanken auf?"
„Zerstöre den Hass, und du wirst Frieden und Freude finden. Zerstöre den Hass, und du wirst nicht mehr leiden. Der Hass zerstört alles Gute." Wenn man vom Übel des Hasses vollkommen überzeugt ist und sich von ihm befreien will, muss man zugleich Erbarmen und Geduld üben.
3. Die dritte Bindung ist die Fessel der Trägheit und Schläfrigkeit. Trägheit bedeutet, dass unser Denken matt und faul wird, Schläfrigkeit bedeutet, dass unsere fünf Sinne nachlassen, unser Körper erschlafft und wir in Schlaf fallen. Um Erleuchtung zu erlangen, bedürfen wir eines beweglichen Geistes. So sind dies Ursachen und Bedingungen, die uns daran hindern, das höchste Glück im gegenwärtigen wie im zukünftigen Leben zu erfahren, ebenso die Freude der Reinen Erde und den unbegreifbaren Frieden des Nirwanas. Dies ist vielleicht das gefährlichste Übel, weil wir uns der anderen Bindungen bewusst werden können und wir zumindest den Versuch machen können, sie zu überwinden. Das Band der Trägheit aber und der Schläfrigkeit macht diesen Versuch unmöglich. Denn in diesem Zustand gleichen wir einem leblosen Körper, der weder Leben noch Wahrnehmungen und Bewusstsein besitzt. Selbst unser Herr Buddha und die Mahasattva-Bodhisattvas mussten gegen die Schläfrigkeit kämpfen. So heißt es: „Stehe auf. Bleibe nicht ausgestreckt, gebunden bis ins Herz hinein an einen verfallenden Körper. Unter dem Namen Mensch verbirgt sich nur eine Anhäufung von Auswurf. Du gleichst einem vom Pfeil Vergifteten. Bleibst du im Schmerz gleichgültig liegen, um einzuschlafen? Es ist als lägst du in festen Ketten, weil du einen Mord begangen hast. Würdest du in Verzweiflung und Angst auch zum Schlaf dich niederlegen? Dieser Dieb, dieser Entführer kann unser Tod sein, wenn wir ihn nicht mit aller Kraft zurückstoßen. Du gleichst einem Menschen, der sich neben eine giftige Schlange legt, oder der unbeweglich im Schlachtgetümmel bleibt. Wie kann man sich unter solchen Bedingungen eine Ruhepause gönnen? Du musst verstehen, dass Trägheit und Schläfrigkeit dich in tiefster Finsternis halten. Sie berauben dich deiner Vernunft, zerstören deinen Geist, bedrücken deinen Willen, verdunkeln das wahre Ziel deines Herzens. Wie kannst du dich zum Schlafen hinlegen, wenn du solchen Verlust erwarten musst?"
Um dieser schweren Ursachen und Bedingungen willen wird der Geist in solcher Weise ermahnt, damit er die Gefahr verstehen und sich von Trägheit und Schläfrigkeit fernhalten kann. Es ist seltsam, dass die fortwährende

Übung des Dhyanas unsere beste Waffe gegen diese Leiden ist, die ihrerseits die großen Feinde der Dhyana-Übung sind.
4. Die vierte innerliche Fessel sind Erregung und Gewissensbisse. Es gibt eine dreifache Erregung: Jene des Körpers, in der man sich überall hinbewegt oder herumgeht ohne ein bestimmtes Ziel – Sport, Fechten, Tanzen in wahlloser Weise. Dann gibt es die Erregung der Lippen. Diese scheinen Gefallen zu haben am Aufsagen, Singen und Streiten, an der eigenen Verherrlichung und dem Sprechen über weltliche Dinge ohne Sinn, allein der Aufregung willen, die hierdurch entsteht. Die dritte ist die geistige Erregung. Dies bedeutet unbeherrschte Gedanken, Träume ohne Bestand, verderbte Anwendung geistiger Kräfte, die der Erleuchtung dienen sollen und statt dessen zu eigennützigen Zielen und Interessen verwendet werden. Dann gibt es noch die geistige Zerstreuung, die sich mit unnützen Unterscheidungen oder äußeren Verschiedenheiten, dem Vergnügen an weltlichen Schriften und mit künstlichen Erörterungen beschäftigt, oder die mangelnde Aufmerksamkeit der Gedanken, die durch Sentimentalität, Gemütsbewegungen, durch Versinken in die Betrachtung großartiger Bilder, in Musik, raffinierte Anregungen, in Wohlgeschmack oder in die Lieblichkeit und den verführerischen Rhythmus des Tonfalls schöner Gedanken entsteht. Dies erinnert an einen Menschen, der sich vornahm, seine Gedanken in strenger Zucht zu halten, dann aber diesen Plan aufgab und nun die Gedanken auf den gewöhnlichsten Wegen hin und her laufen lässt. Ein solches Geschöpf benimmt sich nicht besser wie ein toller Elefant, der sich seiner Ketten entledigt hat, oder wie ein wildes Kamel, das man an der Nase führt. Hierüber steht im Sutra: „O du, der du ein Mönch geworden bist, deinen Kopf geschoren hast und von Tür zu Tür bettelst, warum hast du Gefallen an leichtsinnigen und trügerischen Dingen, wo du doch weißt, dass du durch ein solches nachlässiges Benehmen alle Wohltaten des Dharmas, die dir gehören könnten, gefährdest?"
Sobald wir von den Gefahren unterrichtet sind, die solche sorglosen Handlungen und Gewohnheiten auslösen, sollten wir diese sogleich und für immer aufgeben. Denn sobald wir unserer Fehler bewusst werden und sie nicht lassen, werden Reuegefühle erwachen und diese die Fessel noch verstärken, während Unbekümmertheit ohne Gewissensbisse weniger schlimm wäre. Aus diesem Grund: Wir können sorglose Gewohnheiten haben und ihnen keine große Wichtigkeit beimessen. Dann werden keine Gewissensbisse unser Denken beunruhigen. In der Ruhe der Dhyana-Übung aber erhebt sich das Schuldgefühl mit seiner Last an Traurigkeit,

Bedauern und Widerspruch, um die Gedanken zu verwirren und die Konzentration zu verhindern. Darum sind Erregungen und Gewissensbisse große Hindernisse bei der Übung des Dhyanas. Es gibt zwei Arten von Gewissensbissen: Die eine folgt der Erregung, wie eben aufgezeigt, die andere geht einer noch unruhigeren Verwirrung voraus. Es ist die Angst, die das Leben des Verbrechers verdunkelt, und einem Pfeil gleicht, der so tief eingedrungen ist, dass er sich nicht mehr herausziehen lässt.

So heißt es im Sutra: „Weil du tust, was du nicht tun sollst, und nicht tust, was du tun solltest, ist dein Leben von Gewissensbissen und Widersprüchen erfüllt, die dich nach dem Tode in üble Daseinsformen fallen lassen.

Hast du einen Fehler begangen und empfindest darüber Gewissensbisse, vermagst aber diesen Schmerz außerhalb deines Bewusstseins zu halten, dann wird dein Herz glücklich und friedvoll sein. Gib aber gut acht, dass du in deinem Geist nicht die Erinnerung an den Fehler oder an die Gewissensbisse wieder erweckst.

Es gibt zwei Arten von Gewissensbissen, an denen der Törichte Gefallen hat. Erstens Schuldgefühle für Dinge, die gemacht wurden und die nicht hätten getan werden sollen. Zweitens für Dinge, die ausgeführt hätten werden sollen und es nicht wurden. Der Grund, warum diese Gewissensbisse nutzlos sind, liegt darin, dass sie nicht den wirklichen geistigen Zustand ausdrücken und es zu spät ist, den Fehler, wenn er begangen ist, ungeschehen zu machen."

5. Die fünfte innere Fessel ist der Zweifel. Wie soll der Geist, wenn er durch den Zweifel verdunkelt ist, Vertrauen in die Lehre haben? Und wenn er dieses Vertrauen nicht hat, wie könnte er dann Nutzen aus ihr ziehen? Dies erinnert an einen Menschen, der auf einen Berg steigt, um einen Schatz auszugraben, der aber keine Hände besitzt, um ihn nach Hause zu tragen. Es gibt einige ernsthafte Zweifel, die nicht ganz die Übung des Dhyanas stören; dreierlei Arten des Zweifels aber bilden ein vollkommenes Hindernis auf dem Weg zur Samadhi. Die erste Art des Zweifels, die den Erfolg in der Übung des Dhyanas verhindert, ist der Zweifel an sich selbst. Wir können uns fragen, ob wir fähig sind für den edlen Pfad, wenn unser Temperament traurig und schwer ist und wir zahllose und ernste Fehler und Beleidigungen begangen haben. Wenn wir von Anfang an solchen Zweifel hegen, werden wir niemals zum Samadhi fortschreiten. Wir dürfen uns also bei der Übung des Dhyanas nicht selbst misstrauen. Wir müssen bedenken, dass es für jeden völlig unmöglich ist, die Tiefe auszuloten, in die die

Wurzeln des aus vergangenen Leben erworbenen Guten hinabreichen.
Der zweite Zweifel betrifft unseren Lehrer. Wir können von seiner Art und seinem Aussehen enttäuscht sein und uns die Frage stellen, ob er irgendeinen Grad der Erleuchtung erlangt hat und ob er die Fähigkeit besitzt, uns auf dem Pfad zu führen. Empfinden wir solchen Zweifel (oder Misstrauen) unserem Meister gegenüber, dann wird dies mit Sicherheit unseren Erfolg im Samadhi verhindern. Wollen wir uns von dieser Fessel lösen, dann müssen wir uns an die Worte des Mahavibhasas Sutra erinnern. In einem Gleichnis wird dort der Geizige geschildert, der sein Geld in einem schmutzigen Abfalleimer versteckte. Wenn wir das Gold der Erleuchtung lieben, so können wir es auch in einem Abfalleimer bewahren. Auch wenn unser Meister nicht so vollkommen ist, wie wir uns dies vorstellen, so müssen wir ihn doch ehren und großes Vertrauen in ihn setzen, da er die Stelle Buddhas für uns einnimmt.
Der dritte Zweifel betrifft den Dharma. Sicher vertrauen wir in allen unserem eigenen Urteil und finden es hart, an erster Stelle den Lehren des Meisters zu glauben, wenn diese nicht mit dem übereinstimmen, was wir annehmen. Es wird uns schwer fallen, solche Lehren bescheiden und getreulich in die Tat umzusetzen. Solange wir aber Zweifel an unserem Lehrer hegen, können wir nicht viel Gutes aus seinen Lehren empfangen. Dies wird deutlich in folgenden Versen beschrieben: „So wie ein Mensch an einer Wegkreuzung nach dem Weg fragt, den er einschlagen soll, so fragen wir nach der wahren Natur der Dinge. Zweifeln wir an unseren Fähigkeiten, den rechten Weg zu erkennen und zu wählen, dann wird wenig Hoffnung bestehen, dass wir mit Eifer und Zielstrebigkeit unsere Forschung aufnehmen werden.
Wenn wir in unserer Unwissenheit vor der wahren Natur der Dinge stehen und, das Gute wie Böse, den Tod und das Nirwana erblickend, an unserem Meister zweifeln, dann unterwerfen wir uns dem Leben und dem Tod. Dann gleichen wir einer Hirschkuh, die, von einem Löwen gejagt, keine Hoffnung auf Entrinnen hat. In deiner Unwissenheit, die, angesichts der wahren Natur der Dinge, durch die Erscheinungen und Veränderungen der Welt verdunkelt wird, würdest du besser an den wohltuenden Dharma glauben und seinen Lehren mit Eifer und Vertrauen folgen. Am Kreuzpunkt deines Lebensweges musst du den Mut haben, den guten Weg zu wählen. Das Vertrauen ist das einzige Eintrittstor zum Buddhismus. Ohne dieses ist alles eifrige Studium, alles unaufhörliche Bemühen nutzlos. Von dem Augenblick an, in dem ihr überzeugt seid, dass Irrtum immer dem Zweifel

folgt, solltet ihr den Zweifel aufgeben und das Tor des Vertrauens durchschreiten. Man könnte fragen, warum man nur fünf Arten von Zweifel aufgeben soll, nachdem die verschiedenen Arten des Irrens zahlreich wie die Staubkörner sind. Dies ist richtig. Aber diese fünf Arten von Zweifeln umfassen das ganze Feld der Begehrlichkeit, des Hasses und der Torheit, die zusammen mit dem Zweifel die vier grundlegenden üblen Pfade sind. Jenseits der Pforten des Zweifels öffnen sich alle Wege (es sollen 8400 sein), die zu den Leiden der Welt führen. Können wir diese Grenzen des Zweifels schließen, versperren wir den Weg zu allem Übel.

Aus allen diesen Gründen müssen sich die Schüler Buddhas von diesen fünf inneren Fesseln lösen: Von der Begehrlichkeit, dem Zorn und Hass, von der Trägheit und Schläfrigkeit, von der Erregung, von Gewissensbissen und Zweifeln. Die Befreiung von diesen fünf Hindernissen gleicht dem Bezahlen einer Schuld, oder der Genesung aus schwerer Krankheit. Es ist, als käme man aus einem Land des Hungers in ein Land, in dem alles in Überfülle vorhanden ist, als lebe man in Frieden und Sicherheit inmitten der Gewaltsamkeit und Feindschaft, ohne dass es hierfür einen sichtbaren Grund gibt. Wenn wir diese fünf Fesseln aufgegeben haben, wird unser Geist frei und voller Glück sein. Unser Herz wird ruhig und friedvoll. So wie die Klarheit der Sonne durch Rauch, Staub, Nebel oder den Drachen Rahu (Sonnenfinsternis) verdunkelt, wie ihr Licht von den beiden Händen der Asuras (Dämonen) verdeckt werden kann, so wird das reine Licht unseres Geistes durch diese fünf Hindernisse verdunkelt.

Viertes Kapitel
Ordnung und Entschluss

Wenn wir anderen, wir Schüler Buddhas, mit den Übungen des Dhyanas beginnen, dann tun wir dies, um die Lehren aller Buddhas der zehn Gegenden (=Schlüssel oder Sephirot) in der Vergangenheit, Gegenwart und Zukunft auszuführen. Von Anbeginn müssen wir, zugleich mit dem Wunsch nach der höchsten Erleuchtung, das Gelübde ablegen, alle Lebewesen zu befreien. Dieser Entschluss muss ebenso fest und unabänderlich sein, wie Gold oder Stahl. Wir müssen energisch und mutig sein, bereit, unser Leben zu opfern. Hiervon darf uns nichts abhalten, selbst wenn wir die ganze Lehre Buddhas (Dharma) empfangen haben. Nachdem wir dies ernsthaft

gelobt haben und auf rechte Weise denken, können wir die wahre Natur der Dinge betrachten. Denn nun erfasst der Geist alle verdienstvollen oder wertlosen Dinge, das Gedächtnis, das Vergessen, das fehlerhafte Bewusstsein, das aus der Sinneswahrnehmung der Gegenstände und Denkvorgänge erwächst, alle unreinen Gedanken und schlechten Leidenschaften ebenso wie die Gesetze in der dreifachen Welt der Ursachen und Wirkungen, der Geburt und des Todes, der Handlung und des Nichthandelns. Auch steht in dem Dasabhumika Sutra geschrieben: „In der dreifachen Welt gibt es nichts anderes als das Wirken unseres eigenen Geistes. Wenn du begriffen hast, dass es nichts Persönliches in deinem Geist gibt, dann wirst du erkennen, dass es auch in den Dingen keinerlei Wirklichkeit gibt."
Wenn sich unsere Gedanken nicht an die Dinge heften und von ihnen nicht beeinflusst werden, dann enden Handlungen, Tatsachen, Geburt und Tod und haben niemals bestanden. Dieses im Gedächtnis bewahrend, beginne, die Übung des Dhyanas nach der hier aufgezeigten Stufenordnung zu befolgen.
Betrachten wir nun den vierten Abschnitt. Was bedeutet Ordnen und wieder Instandsetzen? Man kann dies der Arbeit eines Töpfers vergleichen. Ehe eine Schale oder ein anderer Gegenstand hergestellt werden kann, muss der Ton vorbereitet werden, damit er nicht zu weich noch zu hart ist. Wenn ein Geiger eine harmonische Musik spielen will, muss er zuerst die Saiten seiner Geige stimmen. Das gleiche müssen wir tun, ehe wir unsere Gedanken beherrschen können. Die Erleuchtung erlangen wir nur, wenn wir die inneren Bedingungen ordnen und in rechten Stand versetzen.
Um die Bedingungen für unsere Dhyana-Übung in rechter Weise vorzubereiten, müssen wir fünf Unterweisungen lernen. Haben wir dies erfolgreich getan und die Lehren gut angewendet, dann wird Samadhi mit Leichtigkeit erlangt. Im anderen Fall werden wir mannigfaltigen Schwierigkeiten begegnen, und die zarte Wurzel der Güte wird kaum wachsen können.
l. Die erste Unterweisung bezieht sich auf die gewohnte Ernährung. Es ist notwendig, dass wir essen, um Körper und Geist auf dem Weg der Erleuchtung gesund zu erhalten. Zuviel Nahrung kann zu Krankheit führen und die Meditation verhindern. Ungenügende Nahrung dagegen wird den Körper schwächen, Hungergefühle hervorrufen, die Gedanken unstet machen und unsere Entschlusskraft mindern. Weder das eine noch das andere Extrem kann uns die Früchte des Dhyanas verschaffen. Essen wir,

was uns zuwider ist, beunruhigen wir unsere Gedanken und verwirren unsere Aufmerksamkeit. Alle Nahrung, die uns nicht gemäß ist, kann uns krank machen und unsere Entschlusskraft herabsetzen. Aus diesen Gründen müssen wir auf unsere Nahrung achtgeben. Der Sutra sagt: „Die Kraft unseres Entschlusses, Erleuchtung zu erlangen, entsteht zugleich mit unserer Körperkraft. Essen und Trinken müssen gemäßigt werden; du musst dein Denken in Ruhe halten und verwirrende Gedanken vermeiden. Wenn der Geist still geworden ist, wirst du große Befriedigung in der Übung des Dhyanas finden. Dies sind die Lehren aller Buddhas."
2. Die zweite Unterweisung bezieht sich auf Beherrschung von Trägheit und Schlaf. Dumpfheit ist eines der größten Hindernisse der Meditation. Man darf ihr keineswegs nachgeben. Schlafen wir zu lange, dann verlieren wir Stunden, die wir der Übung des Dhyanas oder anderen nützlichen Tätigkeiten widmen könnten. Ein Übermaß an Schlaf macht den Geist stumpf und lässt ihn in das tiefe Meer der Melancholie versinken. Wir müssen uns an die Unbeständigkeit unserer Lebensformen erinnern und unsere Zeit gut anwenden, indem wir die Dumpfheit überwinden und den Schlaf begrenzen. Wenn das Gehirn auf diese Weise erfrischt und die Gedanken gereinigt sind, wird das Herz im Erlebnis des Samadhi einen heiligen Zufluchtsort der Ruhe finden. Im Sutra steht geschrieben: „Vergiss am Abend und nach Mitternacht nicht die Übung des Dhyanas."
Man darf sein Leben – selbst wenn dies natürlich wäre – nicht in einem Zustand der Dumpfheit oder Schläfrigkeit verbringen. Eine solche Lebensweise ist sinnlos und nutzlos. Man muss eingedenk sein, dass die Unbeständigkeit die Welt wie ein Feuer durchfegt und man nicht schlafen darf, wenn Befreiung gesucht wird.
3. Die dritte, vierte und fünfte Unterweisung bezieht sich auf die Beherrschung des Körpers, auf seinen physischen Zustand, seine Atmung und seine Denkfähigkeit. Man muss diese zu Beginn, in der Mitte und am Ende als ein Ganzes betrachten. Um die Gedanken während des Dhyanas zu konzentrieren, muss zuerst die Verfassung und Stellung (Asana) des Körpers kontrolliert werden. Dann folgt die Beherrschung der Atmung und der geistigen Verfassung. Dies bedeutet, dass wir vor dem Beginn der Übung unter anderem unsere körperlichen Tätigkeiten, unser Hin- und Hergehen, unsere Arbeit, unsere aufrechte Haltung, unser Sitzen beobachten müssen; man muss sich in jedem Augenblick klar bewusst seiner Gedanken, Worte wie Taten sein und der Urteilskraft, die diese Handlung oder jenen Gedanken bestimmt hat, damit wir uns nicht zu sehr

ermüden, noch zu stark erregen. Denn dies würde unsere Atmung beschleunigen und verstärken, und unser Geist wäre nicht in der richtigen Verfassung für die Übung des Dhyanas. Im Gegenteil, er wäre beunruhigt, gereizt, verdunkelt und erregt. Zu jeder Zeit müssen wir Vorkehrungen gegen solche Zustände treffen, auch wenn wir nicht zugleich mit der Übung des Dhyanas beginnen wollen, denn unser Denken muss vorbereitet und in gutem Zustand sein. Bei Beginn des Dhyanas aber ist der körperliche Zustand besonders wichtig. Wir müssen auch die Gegend beachten, die wir für diese Übung auswählen. Denn es muss ein Ort sein, an dem wir nicht gestört werden und die wenigsten Schwierigkeiten vorfinden. Hierauf ist die Stellung (Asana) des Körpers zu beachten. Die Füße müssen gekreuzt sein, der linke über dem rechten. Die Beine sind ganz nah an den Körper heraufzuziehen, so dass die Füße in gerader Linie mit den äußeren Hüften liegen. Dies ist die „halbe Stellung". Für die „ganze Stellung" ist der linke Fuß auf den rechten Oberschenkel zu legen, der rechte Fuß auf den linken Schenkel, so dass beide einen rechten Winkel bilden. Nun muss der Gürtel entfernt und die Bekleidung so gerichtet werden, dass sie sich während der Übung nicht verschiebt. Hierauf wird die linke Handfläche auf die rechte Hand und beide Hände auf den linken Fuß gelegt, den wir an den Körper heranziehen. Nun wird der Körper aufgerichtet und hin und her bewegt, bis die Mitte, das Gleichgewicht, hergestellt ist. Die Wirbelsäule darf weder zu sehr nach vorn geneigt noch zu gerade sein. Der Hals dagegen muss sich aufrichten, damit die Nase eine senkrechte Linie mit dem Nabel bildet. Jetzt öffnet man den Mund und atmet langsam und vorsichtig (um nicht den Kreislauf zu beschleunigen) die schlechte Luft aus den Lungen aus. Nun wird der Mund wieder geschlossen und frische Luft durch die Nase eingeatmet. Ist der Körper im guten Zustand, wird einmaliges Aus- und Einatmen genügen. Im anderen Fall muss diese Übung zwei- bis dreimal wiederholt werden. Nun sind die Lippen zu schließen, die Zunge wird an den oberen Gaumen gelegt. Die Augen bleiben leicht geschlossen, damit nicht unnützes Licht eindringt. In dieser Haltung müsst ihr unbeweglich wie ein Felsblock verharren. Weder Körper noch Kopf, noch Hände oder Füße dürfen sich bewegen. Auf diese Weise wird der Körper am besten für die Übung des Dhyanas vorbereitet. Dies sollte ohne Hast mit aller Sorgfalt geschehen.
4. Die vierte Unterweisung bezieht sich auf die Atmung. Man unterscheidet viererlei Atmung – die pfeifende, keuchende, laute und leise. Bei der pfeifenden wird der Atem mit aller Kraft durch die Nase herausgestoßen.

Beim Keuchen ist die Atmung zu schnell und hart. Laute Atmung bedeutet, dass wir das Atmen durch die Nase hören. Beim Stehen oder Arbeiten beachtet man ein solches Geräusch nicht, wenn man aber im Sitzen Dhyana übt, genügt dieser Laut, um die Gedanken zu zerstreuen. Bei der stillen Atmung ist überhaupt kein Laut zu hören. *Nichts geschieht mit Zwang, keine Kraft wird angewendet.* Man spürt nur die Ruhe des Atems, die ein Gefühl der Sicherheit und des Friedens im Bewusstsein auslöst. Diese stille Atmung führt uns zum Samadhi. Die anderen Arten verwirren die Konzentration, erschweren oder ermüden sie. Diese Unterweisung im rechten Atmen muss zu Beginn der Dhyana-Übung befolgt werden. Die Kleidung muss hierbei bequem sein, nichts darf den Körper einengen, damit er von der Luft gebadet und belebt wird. Man muss sich vorstellen, dass jede Pore der Haut an der Atmung teilhat. Ist die Atmung weder verkrampft noch zu schnell, sondern zart, natürlich und bewusst geregelt, dann werden die Gedanken klar sein und Krankheiten vermieden. Man freut sich an der Übung des Dhyanas und wird erfolgreich meditieren.

5. Die fünfte Unterweisung bezieht sich auf die rechte Beherrschung der Gedanken. Hierbei sind drei Stufen zu beachten – der Eintritt in Dhyana, die Übung selbst und das Beenden der Meditation. Sobald man mit der Übung des Dhyanas beginnt, muss das Bewusstsein ruhig und leer sein. Der Strom des zum Teil nur bewussten Denkens und alle herumschwirrenden und wirren Gedanken müssen angehalten werden und dürfen nicht wieder entstehen. Ebenso muss alle ungünstige oder schlechte geistige Verfassung, wie Entmutigung, schwache Entschlussfähigkeit, Unbeherrschtheit oder übermäßige Gespanntheit, vermieden werden.

Nun wollen wir ausführlicher betrachten, wie dieser geistige Zustand vorbereitet wird. Wenn wir in einer geraden und vollkommen stillen Haltung sitzen, besteht die Gefahr, dass wir unachtsam, schläfrig werden und der Kopf zu schwanken beginnt. In solchen Augenblicken ist es notwendig, die Aufmerksamkeit auf die Nasenspitze zu konzentrieren, während wir das Bewusstsein leer und ruhig halten. So können die Gedanken nicht in finstere Entmutigung fallen und ziellos werden. Ein anderes Mal verliert man in dieser aufrechten und ruhigen Haltung leicht die Beherrschung, und die Gedanken beginnen herumzuirren. Der Körper wird schlaff, und die verschiedensten Gedanken kommen und gehen. In solchen Augenblicken ist die Konzentration auf den Nabel vorzuziehen. Sie führt Gedanken wieder zusammen und überwindet die Zersplitterung. Solange die Denktätigkeit angehalten wird, dauert die Ruhe an. Sind die

Gedanken wieder geordnet und gerichtet, bleibt der Geist wach und konzentriert. Eine übermäßige geistige Anspannung kann das Ergebnis unserer ernsthaften Bemühungen um die Konzentration der Gedanken sein. In diesem Fall haben wir die Anstrengung übersteigert und falsche Mittel angewendet. Das Gehirn ist ermüdet, und eine schmerzhafte Erschöpfung kann sich im Kopf und in der Brust äußern. In solchen Augenblicken muss man die Bemühungen ein wenig entspannen und den Versuch aufgeben, die umherirrenden Gedanken fortzujagen. Sie müssen vielmehr ganz natürlich aufhören. Dies geschieht, wenn wir einen Augenblick lang unsere Konzentration auf den Nabel richten. Lässt man zu stark nach in der geistigen Spannung, wird man schlaff und unaufmerksam. Der Körper sinkt zusammen, der Mund öffnet sich, Speichel kann sich bilden, und man wird vom Schlaf übermannt. In solchem Fall muss die Aufmerksamkeit und die Bemühung der Gedankenbeherrschung erneuert werden. Denn Geist und Körper können gegenseitig zum Erfolg des Dhyanas beitragen. Hierfür muss man „allmählich vom Zustand körperlicher Tätigkeit zum Zustand geistiger Ruhe fortschreiten". So wie die Atmung zart und leise werden muss, sollte auch der Strom der Denktätigkeit sanft und unauffällig werden. Deshalb muss man die Denkfähigkeit in gleicher Weise wie die Körperbewegungen regeln und ordnen, bis Ruhe und Frieden eintreten.

Der zweite Teil der fünften Unterweisung zur Regelung der geistigen Verfassung während des Dhyanas umfasst drei Arten einer solchen Regelung. Man muss sich des Gehirns bedienen, um die Gedanken in jedem Augenblick zu konzentrieren, und es müssen geeignete Hilfsmittel gefunden werden, um die Zeit der Meditation von einer Stunde auf vier, selbst auf sechs von 24 Stunden zu verlängern. Hierfür ist eine vollkommene Beherrschung unserer Körperverfassung, unserer Atmung, unserer Gedanken notwendig. Man muss die besten Bedingungen für die ganze Dauer der Meditation schaffen. Wird trotzdem der Körper zu stark angespannt oder entspannt und schlaff, dann muss er sofort wieder aufgerichtet und die Aufmerksamkeit wiederhergestellt werden. Dies muss mehrere Male geschehen. Es ist auch möglich, dass unser Körper gerade aufgerichtet bleibt, die Atmung aber falsch wird – verkrampft, keuchend oder zu stark, so dass man sie hören kann. Dann muss sie sofort verbessert werden, damit sie sanft, gleichmäßig, unhörbar wird. Es kann auch geschehen, dass trotz geregelter Körperhaltung und Atmung die Gedanken abirren, sich verdunkeln, erschlaffen oder überspannt werden. Sobald man sich dessen bewusst wird, muss man sie von neuem kontrollieren. Es gibt keine festgelegte Regel, um die drei (Körper, Atmung und Geist) in die rechte Verfassung zu bringen. Man muss ganz einfach in Ordnung bringen, was aus der Ordnung fiel. Während der Dhyana-Übung müssen diese drei beherrscht und in einem wohl abgestimmten Zustand der Harmonie gehalten werden. Geschieht dies, dann wird es keinen Rückfall, kein Hindernis auf dem Weg zur Erleuchtung geben.

Der dritte Teil der fünften Unterweisung bezieht sich auf die Beendigung des Dhyanas. Man muss hierbei dreierlei beachten. Zuerst müssen sich die Gedanken leicht entspannen. Dann muss man den Mund öffnen und die Luft herauslassen, als wolle man jeden Teil des Körpers mit seinen Arterien und Vene entleeren. Nun wird der Körper langsam in Bewegung gebracht, Schultern, Hände und Hals bewegt. Es folgen die Füße, bis sie geschmeidig sind. Hierauf reibe man leicht den Körper ab, dann die Hände, bis die Wärme des Blutkreislaufes gespürt wird. Vorher dürfen wir nicht die Augen öffnen und sie mit unseren warmen Händen reiben. Nach einigen Augenblicken der Ruhe kann man sich langsam erheben und fortgehen.

Da Dhyana ein völlig anderer Zustand als unsere aktive Lebenshaltung ist, würde die Harmonie gestört werden, wenn wir plötzlich die Meditation aufgeben und ohne Vorbereitung fortgehen. Unser Kopf würde schmerzen, und es könnte das Gefühl der Lähmung in den Gelenken entstehen. Dies würde den Geist beunruhigen oder belasten, und man würde in schlechter Verfassung die nächste Meditationssitzung beginnen. Darum muss man dem Ausgang der Meditation Aufmerksamkeit schenken. Man tritt aus einem Zustand der geringsten geistigen Tätigkeit in einen der höchsten körperlichen Aktivität und muss hierbei stufenweise und aufmerksam vorgehen, indem man in das tägliche Leben die Übung der geistigen Konzentration (und die Erinnerung an die Erfahrung dieser Konzentration) hineinnimmt.

Im Lotus des „Wunderbaren Gesetzes" (Saddharma Pundarika) steht geschrieben: „Du wirst nicht nur Regeln aufstellen für die Zeit, in der du im Dhyana sitzt, sondern auch, wenn du dich von der Meditation zurückziehst, damit kein Sprung entsteht zwischen der geringsten geistigen Tätigkeit und der höchsten körperlichen Aktivität."

Es heißt auch in dem gleichen Sutra: „Aus Liebe zur Erleuchtung aller Buddhas haben die hier versammelten Bodhisattvas Mahasattvas ihr Leben mit Eifer und Ausdauer dem Dhyana geweiht. Sie haben hundert Myriaden von Zuständen des Samadhi im Eintreten, Üben und Verlassen des Dhyanas erfahren. Sie haben überirdische Fähigkeiten erlangt und während langer

Zeitabschnitte die Übung des Brahmas vollzogen. Sie haben alle Sutras während zahlloser Myriaden von äonenlangen Zuständen studiert."

**Fünftes Kapitel
Nützliche geistige Tätigkeiten**

Während der Dhyana-Übung muss der Geist von fünf notwendigen Tätigkeiten beherrscht werden.
Die erste ist der Wunsch oder Entschluss. Dies bedeutet höchste Sehnsucht oder Vorliebe für eine ganz bestimmte Art von Führung. Um Dhyana zu erlangen, muss der Wunsch hierzu vorhanden und der Entschluss gefasst sein, alle irrtümlichen und weltlichen Gedanken und jede geistige Verfassung zu vermeiden, die der Meditation hinderlich sein kann und die Aufmerksamkeit in Verwirrung und Unruhe bringt. Das Ziel des Dhyanas: Ruhe, übernatürliche Erkenntnis und Weisheit müssen zum obersten Wunsch und Ziel aller Gedanken werden. So sprach Buddha, der Herr: „Die Hauptursache aller guten Eigenschaften ist der Entschluss."
Die zweite Notwendigkeit ist Aufrichtigkeit und Eifer. Dies bedeutet, dass man die Vorschriften mit aufrichtiger Ausdauer befolgt und die fünf Hindernisse für die Meditation aufgibt. Mit Eifer und ohne Unterlass muss Dhyana am Abend und zur frühen Morgenstunde geübt werden. Wenn man durch das Aneinanderreiben von Holz Feuer gewinnen will, darf man dieses Tun nicht unterbrechen. Man muss die Bemühung fortsetzen und verstärken, bis das Feuer aufflammt. Mit gleichem Eifer muss die Erleuchtung gesucht werden.
Die dritte der notwendigen Tätigkeiten ist wachsame Aufmerksamkeit und Erinnerung. Dies bedeutet, dass man immer der Leere und des Truges der Welt mit allen ihren Täuschungen und Leiden bewusst sein muss, dagegen den Gedanken an Erhabenheit und Wert der aus der Dhyana-Übung entstehenden Erleuchtung mit Liebe umfangen sollte. Diese Erleuchtung ist edel, denn sie führt zur höchsten Erfahrung der Wahrheit (Dharma), zur Weisheit und zum Erbarmen. Sie vergrößert die Fähigkeit des Geistes, sich an seinen höchsten Erkenntniskräften zu erfreuen. Man erfährt den Segen der durch das Auslöschen der Asavas (Befleckung des Geistes wie die Begierde und das Verlangen nach sinnlichen Vergnügen) entsteht, und vermag auch die höchste Seligkeit der vollkommenen Weisheit zu erfahren,

die der Befreiung aller Lebewesen gewidmet ist. Dies bedeutet aufmerksame Erinnerung.

Die vierte notwendige geistige Tätigkeit betrifft die Schärfe der Tiefenschau. Man muss sich auf den Unterschied zwischen den Freuden der Welt und den aus der Übung des Dhyanas entstehenden besinnen. Mit durchdringender Schau müssen wir beobachten, ob hier ein Verlust oder Vorteil besteht und ob der Gewinn des Dhyanas gering oder von höchster Bedeutung ist. Die Genüsse der Welt sind voller Trug und Täuschung. Es bedarf einer scharfen und erleuchteten Schau, um sie gerecht zu beurteilen. Oft verbergen die faszinierenden Reize der Welt Leid und Unwirklichkeit. Wenn man dies sorgfältig und wahrhaftig betrachtet, muss man feststellen, dass die Sehnsucht nach der Welt und nach ihren Täuschungen Verlust und nicht Gewinn ist.

Diese durchdringende Einsicht wird die Überzeugung erwecken, dass die Übung des Dhyanas Unschätzbares gewinnen lässt: Intuitive Erfahrung und übernatürliche Intelligenz, die von allen Asavas und Beschränkungen frei ist.

Die fünfte geistige Tätigkeit besteht in der klaren Konzentration auf einen einzigen Gedanken. Dies bedeutet, dass man mit aller Klarheit die wahre Natur der Welt verstehen muss, die Leiden und Abscheu hervorruft. Zur gleichen Zeit muss man erkennen, dass die geistige Ruhe und Einsicht, die Dhyana bringt, sehr kostbar und der Verehrung würdig sind. Ist der Geist mit dieser Klarheit und diesem einzigen Gedanken erfüllt, dann muss man sich (ohne irgendeinen Hintergedanken) zur Übung des Dhyanas entscheiden. Dieser Entschluss muss so fest sein wie Gold oder ein Diamant. Dann kann man auch jedem entmutigenden schlechten Einfluss der Devas, Maras und Thirthakas widerstehen und ihn zurückweisen.

Selbst wenn man sich des Erfolges nicht bewusst ist, so wird doch die Klarheit des Geistes und der eine einzige Gedanke jede Nachlässigkeit oder Aufgabe der Dhyana-Übung verhindern.

Ehe man eine Reise unternimmt, hat man eine sehr klare Vorstellung vom Grund der Fahrt und ihrem Ziel, so dass man nicht leicht diesen Plan umwirft. Ebenso muss der Schüler in der Übung des Dhyanas eine einzige, klarumrissene Idee haben, die sein ganzes Denken beherrscht.

Sechstes Kapitel
Rechtes Üben

Beim Üben des Dhyanas sind zwei Gesichtspunkte zu beachten: Die rechte Haltung und die rechten Umstände und Bedingungen.

Asana

I. Man kann Dhyana im Gehen, Stehen, Sitzen oder Liegen üben. Da die sitzende Stellung die beste ist, soll sie als erstes unter diesen drei Möglichkeiten betrachtet werden.
1. Man muss sich im Hinblick auf die vielfältigen und verworrenen Gedanken, die das Bewusstsein bei Beginn der Übung erfüllen, bemühen, diese anzuhalten, um sie auszuschalten und ihren Lauf vollkommen zu beherrschen. Wenn dies zu schwer ist, muss man Unterscheidungen üben. Um sich von den vielfältigen und wirren Gedanken zu befreien, ist Anhalten und Prüfen notwendig.
a) Es gibt drei Arten, das Anhalten zu üben: Man kann seine Aufmerksamkeit auf einen bestimmten Punkt des Körpers, auf Nase oder Nabel, richten. Hierdurch wird die Aufmerksamkeit nicht mehr durch Gedanken abgelenkt, die auf diese Weise schwinden. In einem Sutra steht geschrieben: „Du musst die Beherrschung deiner Gedanken ohne geringstes Nachlassen durchhalten. Du musst sie züchtigen wie einen herumspringenden Affen."
Man kann auch die Aufmerksamkeit auf einen einzigen Gedanken konzentrieren. Dann werden die anderen schwinden. Dieser eine Gedanke kann nun seinerseits leichter ausgeschaltet werden. Im Sutra heißt es, dass unter den sechs Sinnesprozessen der Denkvorgang der wichtigste ist. Beherrschen wir das Denken, dann halten wir auch die fünf anderen Sinne in Zucht und gleicherweise die Wahrnehmungen, die sie erregen.
Man kann die Gedankenbeherrschung auch erreichen, wenn man sich an die wahre Natur aller Gegenstände des Denkens erinnert. Diese entstehen aus Ursachen und Bedingungen und besitzen deshalb keine eigene Natur. Wenn der Geist solches im Gedächtnis behält, dann wird er keinen Grund haben, diese Natur zu ergreifen, sondern wird sie fallen lassen. Hierüber sagt der Sutra: „Es gibt überhaupt keine Substanz in den Erscheinungen, da sie aus Ursachen und Bedingungen zusammengesetzt sind. Du heißt

Schüler, weil du die wahre Natur aller Dinge erkennst und deine Gedanken hindern kannst, sich mit Erscheinungen zu beschäftigen."
Zu Beginn der Meditation werden die Gedanken weiter aufsteigen und unaufhörlich hin und herschweifen. Man versucht, ihre wahre Natur zu begreifen und verschiedene Mittel zu benutzen, um sie aufzuhalten. Die trugvollen Gedanken aber werden weiter fließen. In diesem Fall muss man sich auf den Ursprung des aufsteigenden Gedankens besinnen. In der Vergangenheit besaß dieser Gedanke eine Gestalt, die nun ausgelöscht ist. In der Gegenwart hat er, wie man weiß, keine wirkliche Existenz. In der Zukunft wird er auch nicht größere Wirklichkeit besitzen. Dies bedenkend, macht man sich klar, dass die Erscheinung des Gedankens keine Wirklichkeit hat, die es ermöglicht, ihn in der Vergangenheit, Gegenwart oder Zukunft zu ergreifen. Auch darf man ihm keine Aufmerksamkeit beimessen.
Wenn auch die tiefe Schau zur Überzeugung führen kann, dass dieser ununterbrochene Fluss der Gedanken keine substantielle Existenz besitzt, und selbst wenn es gelingt, die Aufmerksamkeit von ihm zurückzuziehen, kann es doch in jedem Augenblick geschehen, dass aufflackernde Gedanken ins Bewusstsein dringen. In diesem Fall muss man versuchen, die wahre Natur des Bewusstseins zu erkennen, das diese Schwankungen des Denkens beobachtet. Das Bewusstsein erhebt sich, wenn die sechs äußeren Gegenstände des Denkens in Beziehung treten zu den sechs inneren Bewusstseinszuständen, die auf ihre Reize reagieren. Solange die sechs inneren Bewusstseinszustände (der Sinne) nicht im Kontakt mit den sechs äußeren Sinneswahrnehmungen sind, wird überhaupt kein Bewusstsein dieser Gegenstände entstehen. Wenn wir dies auf das Bewusstsein der Gedanken beziehen, die, unserer Überzeugung nach, keine wirkliche Existenz in Vergangenheit, Gegenwart und Zukunft besitzen, dann müssen wir erkennen, dass solche Erscheinungen nur Vermutungen des Geistes sind. Da wir die Art kennen, wie sich die Gedanken erheben, wie sie verlöschen und in der Zukunft keine Wirklichkeit besitzen, können wir von nun an die Aufmerksamkeit von ihnen abwenden. Dies würde sie beruhigen. Je stiller die Gedanken werden, um so überzeugender ist die Unwirklichkeit alles Denkens, selbst des Gedankens von der eigenen Existenz. Dies ist das höchste Prinzip der Ruhe und des Friedens, das im Begriff Nirwana verkörpert wird, in dem jeder Gedanke sein natürliches und vollkommenes Ende findet.
Im Lotus des „Guten Gesetzes" heißt es, dass man die Gedanken, sobald sie

sich zerstreuen, zur rechten Aufmerksamkeit zurückführen und beherrschen muss. Dies bedeutet, dass sie nicht durch Zerstreuung und Verteilung Ruhe finden, sondern nur durch Konzentration und Aufmerksamkeit angehalten werden können. Der menschliche Geist ist nicht eins mit den ihm eigenen Erscheinungsformen, die man erfassen und durch eine starke und anhaltende Anstrengung festhalten kann. Denn selbst die rechte Aufmerksamkeit ist nur ein Mittel, zur Beherrschung der Denktätigkeit. Dies will sagen, dass zu Beginn der Dhyana-Übung die Beherrschung und Vertreibung der Gedanken schwer erreichbar ist, und eine übermäßige Heftigkeit zum Verlust des Verstandes führen kann. Um ein erfahrener Bogenschütze zu sein, bedarf es einer langen Übung. Dasselbe gilt hier. Es bedarf einer langen Zeit, um erfolgreich Dhyana zu üben.

b) Um „anzuhalten und zu prüfen", müssen wir die Mittel betrachten, durch die man prüfend, beobachtend oder in tiefer Einsicht die herumwandernden Gedanken beherrschen kann. Ein geeignetes Mittel hierfür ist, dass einer schlechten (ungünstigen) Denkweise eine günstige gegenübergestellt wird. Zum Beispiel: Den Gedanken ausgelassener Begierden werden Gedanken der Reinheit, dem Hass Gedanken des Wohlwollens, dem Egoismus Gedanken über die fünf lustvollen Zusammensetzungen der Persönlichkeit gegenübergestellt. Um zu Anfang eine übermäßige Kraftanstrengung zu vermeiden und die Gedanken zu beherrschen, die während der Übung erwachen, muss man die Konzentration der Atmung als Gegenüberstellung benutzen. Man kann auch festgelegten Gedanken die Prüfung der Ursachen und Bedingungen gegenüberstellen, die diese bewirkten und zu dem machen, was sie in Wirklichkeit sind: leer, vergänglich ohne Substanz. Hierbei werden die herumschweifenden Gedanken nachlassen; sie werden vergehen, wenn man sich Rechenschaft gibt, dass sie leer sind, und neue Gedanken werden weniger Wirkungsmöglichkeit haben.

Der Vorgang des Prüfens wird häufig in unserem Text erwähnt, im Augenblick aber wollen wir ihn nicht weiter betrachten. Es heißt auch in einem Sutra: „Alle Erscheinungen sind ohne Dauer und bestehen nur in unserem eigenen Bewusstsein. Wenn du den nicht wesenhaften Charakter aller Dinge betrachtest und diese nur als Gegenstände der Sinneswahrnehmung erkennst, dann darfst du ihnen keinen Gedanken mehr widmen."

2. Zum zweiten muss man die Übung (des Dhyanas) in Beziehung zu geistigen Erkrankungen, wie Schwermut und Ausschweifen der Gedanken stellen. Manchmal werden sich die Gedanken während der Übung verdunkeln oder sie werden unaufmerksam, unbewusst, schläfrig. In diesem Falle muss man die innere Schau und Besinnlichkeit anwenden. Hierauf das Anhalten üben. Dies ist kurz zusammengefasst die Behandlung der geistigen Erkrankungen. Bei ihrer Anwendung muss man aber sicher sein, dass das Heilmittel der Krankheit entspricht und nichts Ungemäßes geschieht.

3. Bei der Übung des Dhyanas muss man alle zur Verfügung stehenden Mittel anwenden, um, wie schon erwähnt, die Ruhe des Geistes zu bewahren. Sind die Gedanken gestört, zu aktiv oder verdunkelt, dann muss das Anhalten und Prüfen (der Gedanken) geübt werden. Wenn sich trotzdem der Geist nicht beruhigt, dann muss man „das Anhalten zum Zweck des Ausschaltens" der Gedanken anwenden. Wenn nun Körper und Geist Ruhe und Frieden finden, dann kann man annehmen, dass das Heilmittel der Krankheit entsprach und man es anwenden muss, sooft es nötig ist. Irren aber trotz der Übung des Anhaltens die Gedanken weiter umher und finden keine Ruhe, dann muss die tiefe innere Schau angewendet werden, die wahre Natur der Dinge betrachten, die gekennzeichnet ist durch ihre Vergänglichkeit, ihre Leiden, ihre nicht vorhandene Substanz.

Wird der Geist heiter, rein, ruhig und friedvoll, sobald die durchdringende Schau geübt wird, dann erkennt man, dass diese der Not entsprach und man sie anwenden muss, um den Frieden vollkommen herzustellen. Dies ist, kurz umschrieben, die Art, die rechten Mittel zum Anhalten und Besinnen anzuwenden. Alle diese Ratschläge müssen mit Sorgfalt und Verschwiegenheit befolgt werden. Nur dann sind die guten Ergebnisse zu erwarten, die ein ruhiger und friedvoller Geist bewirken kann – somit auch die Belohnungen eines erfolgreichen Dhyanas.

4. Die vierte Übung des Anhaltens und Prüfens bezieht sich auf den Einsatz des geringsten Maßes an Denktätigkeit während der geistigen Konzentration. Nachdem man das Anhalten und die tiefe Schau geübt hat, um die verwirrten Gedanken zu unterdrücken (das Höchstmaß an Tätigkeit), muss man diese benutzen, um Gedanken von geringster Aktivität in Zucht zu halten. Sobald der vorherrschende Gedanke sich beruhigt hat, ist Konzentration bis zu einem gewissen Grad erreicht. Der Geist wird reiner. Durch die verhältnismäßig gelungene Beruhigung und Befriedigung von Körper und Geist entsteht ein Gefühl der Freude, das den herumirrenden Gedanken weniger Bedeutung und Möglichkeit des Einschaltens gibt. Den Hauptgedanken, die man verjagt hat, folgen manchmal unklare, flüchtige Gedanken, die kaum aus dem Unbewussten emporkommen. Diese aber können wachsen und das Bewusstsein füllen. Erkennt man dies nicht, bedient man sich nicht der geeigneten Mittel, um falschen und trügerischen Gedanken den Zutritt zu wehren, dann vermehren sich diese und werden selbstsüchtig und begierig. Sobald der Geist etwas zu begehren beginnt, hat er schon den Gedanken der Leere aufgegeben und jenen anderen entstehen lassen, der bestimmten Dingen eine wirkliche Existenz beimisst. Erinnert man sich an die Universale Leere, dann werden die Verwirrungen, die die Sinneswahrnehmungen verursachen, ausgemerzt und der Geist wird weiter ruhig bleiben.

Dies ist die Übung des Anhaltens. Wenn aber Gedanken an Sinnlichkeit und Begierden sich weiter erheben, beweist dies, dass der Geist noch geknechtet ist. Dann muss man das andere Hilfsmittel einsetzen: Die tiefe Schau, die die Natur dieser zweitrangigen Gedanken vertieft. Sobald man sich erinnert, dass sie ohne Substanz sind, wird man nicht mehr an ihnen hängen; sobald man sie nicht mehr begehrt, werden sie fortgehen, da sie nur augenblickliche Erregungen sind. Dies ist, kurz zusammengefasst, das Heilmittel des Anhaltens und die Übung der erleuchteten Schau, angewendet auf die zweitrangigen Gedanken, die sich im Lauf der Dhyana Übung erheben.

Es gibt dennoch einen geringen Unterschied zwischen der Übung des Anhaltens und jener der erleuchteten Schau, der nicht vergessen werden darf, wenn man sich aus der Konzentration zurückzieht. Denn es wäre schlimm, wenn man in diesem Augenblick die Übung auf eine falsche Weise anwendet.

5. Die Übung des Anhaltens und Prüfens bezieht sich auf die Notwendigkeit, ein Gleichgewicht zwischen dem Dhyana und der Intelligenz herzustellen. Wenn wir die geistige Konzentration durch Anhalten (der Gedanken) oder durch tiefe Schau erlangen, die Intelligenz sich aber nicht entwickelt, dann wird die Konzentration voller Unwissenheit sein und nicht die Fesseln der gedanklichen Gewohnheiten zerreißen. Oder man hat ein wenig Weisheit (Verständnis) erlangt, dann mag auch diese nicht ausreichen für eine vollkommene Entwicklung, und man wird nicht die vollständige Befreiung von den Fesseln der Unreinheiten erlangen. Darum muss man die Methode der Analyse auf diese Fesseln und Unreinheiten anwenden. Hierdurch löst man sich von ihnen und erlangt die mit Weisheit verbundene Konzentration. Dies sind die rechten Mittel, um Erleuchtung zu empfangen. Im Dhyana sitzend kann es,

vor allem beim Anwenden der erleuchteten Schau, geschehen, dass eine unklare intuitive Intelligenz uns plötzlich überkommt. Da aber die Konzentration noch schwach ist, wird auch das Denken noch schwach und schwankend sein wie eine Flamme im Wind. So wird diese undeutliche übersinnliche Intelligenz (Prajna) nicht lange andauern. Wieder muss die Methode des Anhaltens aller Gedanken angewendet werden. Wenn man geduldig dieses Anhalten übt, dann wird der Geist einer Kerze gleichen, die im Zimmer ohne Flackern brennt und leuchtet. Dies ist, kurz zusammengefasst, die Methode des Anhaltens und Prüfens, um das Gleichgewicht zwischen Konzentration und Weisheit zu erlangen, mit anderen Worten – zwischen Konzentration und Erfahrung.

Wenn man Dhyana übt, dabei den Körper in rechter Stellung hält und fehlerlos diese fünf Mittel anwendet, die die Bedingungen für eine gute geistige Verfassung schaffen (indem man das im Augenblick geeignete Mittel aussucht), dann wird man bald diese Übung bewältigen und fähig sein, das ganze Leben in rechter Weise auszuwerten.

II. Nun wollen wir den zweiten Teil der rechten Übung des Dhyanas betrachten. Der erste bezieht sich auf die richtige Stellung und die zur Gedankenbeherrschung geeigneten Vorbedingungen. Dieser Teil betrifft die Methode des Anhaltens und Prüfens, je nach den verschiedenen Umständen und Erfahrungen. Das wichtigste ist die fehlerfreie Haltung im Sitzen. Da der Körper aber in Abhängigkeit steht, können Bedingungen und Umstände verschieden sein. Man muss lernen, das Anhalten und Prüfen unter allen Umständen und in jeder Lage auszuführen. Sonst wird die Übung unterbrochen, und der Geist wird durch Widrigkeiten geschädigt. Die Fesseln der Begierde und Bindung werden erneuert und die fehlerhaften Gewohnheiten verstärkt. Wie kann man demnach im Verständnis des Dharmas und in der Fähigkeit der Erkenntnis vorwärtsschreiten? Sind die Gedanken unter ständiger Kontrolle und werden unaufhörlich die besten Möglichkeiten für die Übung eingesetzt, dann wird die Kraft der Erkenntnis und der Verwirklichung verstärkt.

Was aber versteht man unter der Übung des Anhaltens und Prüfens im Hinblick auf die Umstände, Bedingungen und Erfahrungen? Es gibt sechs Bedingungen und sechs Gesichtspunkte der Erfahrung, zusammen also zwölf, die zu beachten sind:

1. der erste Punkt bezieht sich auf die Tätigkeit; .
2. der zweite auf das Stehen;
3. der dritte auf das Sitzen;

4. der vierte auf das Liegen;
5. der fünfte auf die Beschäftigung;
6. der sechste auf das Sprechen; hierbei sind sechs Verhaltensweisen zu beachten;
7. die Art, wie die Augen die Gegenstände betrachten;
8. wie die Ohren die Töne vernehmen;
9. wie die Nase den Geruch empfindet;
10. wie die Zunge den Geschmack aufnimmt;
11. die Reaktion des Körpers auf fassbare Dinge;
12. die Reaktion des Geistes auf Gedanken.

Wir wollen nun die Übung des Anhaltens und Prüfens in Bezug auf diese sechs Bedingungen und Gesichtspunkte betrachten:

1. Die Tätigkeit: Bei jeder beliebigen Tätigkeit muss man sich fragen: „Warum habe ich dies unternommen?" Wird man sich bewusst, dass die Triebfeder, die uns bewegt, nicht edel ist, sondern z. B. durch Entmutigung, Gereiztheit oder einen anderen schlechten Instinkt ausgelöst wurde, dann muss man sie aufgeben. Ist man dagegen überzeugt, dass sie von einer guten Triebfeder, von Mitleid oder geistigem Interesse eingegeben wurde, dann muss man sie weiter ausführen. Die Gedanken aber dürfen nur auf diese Tätigkeit konzentriert werden und kein anderes Ziel (wie etwa den Wunsch nach persönlicher Belohnung) kennen. Hört die (unerwünschte) Tätigkeit auf und wird das Denken von Begierden, Zorn oder selbstsüchtigen Gedanken beunruhigt, dann muss man die Übung des Anhaltens anwenden. Das heißt, der Geist muss beruhigt werden, indem man sich von den Gedanken freimacht, aus denen die Handlung entstand. Der Tätigkeit an sich fehlt die Weisheit. So führt sie zu Vielfältigkeiten und verstärkt die Verwirrung, die Unzufriedenheit und das Leiden. Das Tun ist gerechtfertigt, wenn die Triebfeder lobenswert ist. Ist das Bewusstsein hiervon überzeugt, dann beruhigt es sich. Ist aber die Triebfeder nicht gut, muss die Tätigkeit aufhören. Jede gute oder schlechte Handlung schafft gutes oder schlechtes Karma. Das Ziel ist, alle karmischen Bindungen zu lösen und aus dem Kreislauf der Wiedergeburt in den Frieden des Nirwana einzugehen. Die unruhigen Gedanken und alles, was ihrer Aktivität entspringt, entbehren der greifbaren Wirklichkeit. Wenn man dies vollständig begriffen hat, dann werden die störenden Denktätigkeiten aufhören und dadurch auch die körperliche Tätigkeit. Dies bedeutet die Übung des Anhaltens und der Anwendung der erleuchteten Schau unter bestimmten (schon beschriebenen) Umständen.

Man muss daran denken, dass das Bewusstsein von einer Menge Antriebe und Tätigkeiten erfüllt ist, die zu Gereiztheit und guten wie bösen Handlungen führen. Man sollte hierüber nachdenken und begreifen, dass weder der bewirkende Geist noch die bewirkte Handlung wirkliche Existenz besitzen. Beide sind leer und eitel. Dies ist die Übung, die die Bedingungen des Handelns prüft.

2. Beim Stehen: Hält man sich aufrecht, weil man verwirrt oder beunruhigt ist oder weil man selbstsüchtigen Zielen nachgeht, dann muss man die Stellung ändern. Steht man aber aus einem guten Antrieb aufrecht, dann soll man dies weiter tun und die Gedanken in Ruhe halten. Wenn man steht, ist man weder tätig noch untätig. Man ist bereit zu handeln, sich hinzusetzen oder hinzulegen. Wie aber soll man unter solchen Bedingungen beim Aufrechtstehen das Anhalten und Prüfen üben? Wenn man bedenkt, dass beim weiteren Stehen belastende Erfahrungen aller Art und gute wie schlechte Schwingungen sich auswirken können, dann muss man sich auch daran erinnern, dass im Bewusstsein des Stehens (und in allen davon ausgehenden Tätigkeiten) kein greifbarer Gehalt liegt. Hierdurch werden die herumirrenden Gedanken beruhigt und die Tätigkeit findet ihr Ende.

Was bedeutet „die Übung der Prüfung und der erleuchteten Schau in Hinblick auf den aufrecht stehenden Menschen?" Es besagt, dass der Gedanke (der im Gehirn lokalisiert wird) Ursache aller guten wie schlechten Reizungen und Schwankungen ist, die an sich ohne jeden Gehalt sind und überdies, dass die Persönlichkeit (die scheinbar den Gedanken des Stehens erzeugt) ebenso wie die Gedanken und Tätigkeiten ohne Ausnahme leer und eitel sind. Dies ist die Übung des Prüfens.

3. Beim Sitzen: Wir haben schon von der Übung des Anhaltens und Prüfens bei der sitzenden Stellung im Dhyana gesprochen. In diesem Augenblick muss man sich fragen, „warum sitze ich hier?" Geschieht es, weil ich mich ärgere, oder weil meine Gedanken verwirrt sind, dann darf ich diese Stellung nicht weiter einnehmen. Geschieht es aber um eines guten, nicht selbstsüchtigen Zieles willen, dann muss ich sie mit Konzentration und Ruhe bewahren. Wie soll aber unter solchen Bedingungen das Anhalten geübt werden? Im Dhyana sitzend muss man verstehen, dass Reizungen und gute wie böse Schwankungen eintreten können. Versteht man dies, dann wird man das Aufsteigen der irrtümlichen Gedanken verhindern. Der Geist wird in gewissen Augenblicken fast unvermeidlich von Gedanken oder Eindrücken überfallen, die der Herrschaft des Anfängers entweichen. Manchmal scheint die Anstrengung der Meditation diese hervorzurufen.

Dies ist die Übung des Anhaltens. Bei der Übung des Prüfens muss man (während man im Dhyana sitzt) sich darauf besinnen, dass Gereiztheit und Schwankungen auftreten, weil man diese Haltung (überkreuzte Beine und aufgerichtete Brust) eingenommen hat, dass sie aber keinen wahren Bestand haben (keinen Gehalt in sich selbst). Dann werden sie wieder vergehen. Bedenken wir, dass im Bewusstsein, dass wir sitzen, überhaupt keine eigene Substanz liegt, dann müssen wir auch bedenken, dass die Persönlichkeit, die dieses Bewusstsein begleitet, keine wirkliche Existenz besitzt, sondern leer und eitel ist.

4. Beim Liegen: Man muss sich fragen, warum man liegt. Geschieht es, weil man faul und schläfrig ist, dann darf man es nicht weiter tun. Ist es aber unsere Schlafenszeit, oder haben wir wirklich Ruhe nötig, dann sollten wir uns ruhigen Gemütes hinlegen und die „Stellung des Löwen" (=die Stellung des Buddhas) einnehmen. Der Löwe legt sich mit gekreuzten Beinen auf seine rechte Seite. Was bedeutet in diesem Augenblick die Übung des „Anhaltens"? Kurz vor dem Ausruhen oder Einschlafen muss man bedenken, dass Unruhe und Schwankungen im Denken auftreten werden, diese aber ohne Gehalt und Wirklichkeit sind. Solche Überlegung beruhigt den Geist. Dies ist die Übung „des Anhaltens" im Augenblick des Niederlegens. Und was bedeutet die Übung der Prüfung beim Liegen? Man muss bedenken, dass man müde und abgestumpft ist, weil man harte Arbeit getan hat und die Kräfte sich erschöpften. Hierdurch entstehen Schwankungen und Reizungen. Aber sie alle, die guten wie die schlechten, sind an sich ohne Substanz und eitel. Man muss auch verstehen, dass die „Person" und alles, was die liegende Lage bewirken kann, leer und eitel ist. Dies ist die Prüfung unter den Bedingungen des Liegens.

5. Wenn man gedrängt wird, etwas zu tun, muss man sich fragen: „Warum tue ich dies?" Bewegt uns eine triebhafte, schlechte, selbstsüchtige Tätigkeit, dann dürfen wir sie nicht ausführen. Ist es eine gute Tat zum Wohlergehen der anderen, dann muss man sie vollenden. Beim Handeln werden gewisse Verwirrungen entstehen und gute wie schlechte Gedanken aufsteigen, die (die Ruhe des Geistes) stören. Um sich von ihnen zu befreien, muss man sie anhalten und erkennen, dass alle Gedanken leer und eitel sind. Dies ist die Übung in solchen Augenblicken des Anhaltens. Die Übung der Prüfung in den Augenblicken, wo man dieses oder jenes zu tun beginnt, bedeutet vollkommenes Bewusstsein dessen, was man tut. Hände und Körper müssen ganz vom Geist beherrscht sein. Man wird hierzu viele Arten störender und beunruhigender Gedanken überwinden müssen. Denkt

man darüber nach, dass die Gedanken und Handlungen in sich überhaupt keine Existenz haben, dann wird man alles Vertrauen in sie verlieren. Man muss auch bedenken, dass die „Persönlichkeit", die die Handlung begeht, und alles, was mit ihr zusammenhängt, nur leer und eitel ist. Dies ist die Übung der Prüfung und der tiefen Schau.
6. Beim Sprechen: Man muss sich beim Sprechen erinnern, aus welchen Gründen man redet. Geschieht es, um zu streiten, sich in einer Diskussion festzufahren, oder um aus triebhaftem Drängen unbeherrschte Worte zu sprechen, dann sollte man schweigen. Geschieht es aber, um eines höheren und nicht selbstsüchtigen Zieles willen, dann ist das Reden erlaubt. Was bedeutet aber hier die Übung des „Anhaltens" im Augenblick des Sprechens. Wenn man sich erinnert, dass aus der Tatsache des Redens (aus guten oder schlechten Antrieben heraus) zahlreiche herumirrende und verwirrende Gedanken entstehen müssen, und dass die „Persönlichkeit", die spricht (mit allen Verwirrungen, die durch diese Tätigkeiten entstehen), überhaupt keine fassbare Substanz an sich besitzt, dann werden die irrtümlichen Gedanken ein natürliches Ende finden. Dies ist die Übung des Anhaltens im Augenblick des Sprechens. Und welches ist die Übung der Prüfung im Augenblick des Sprechens? Man muss bedenken, dass man bewusst und willentlich im Begriff ist, seine Gedanken auszusprechen, wenn man den Atem durch den Hals, die Zunge, den Gaumen, durch die Zähne und Lippen herausdrängt, und dass es verschiedene Stimmen und eine verschiedene Art des Wortgebrauchs gibt. Man muss auch bedenken, dass man beim Sprechen gute oder schlechte Empfindungen weckt, die den Geist aufreizen oder beunruhigen. Ferner muss man sich daran erinnern, dass die „Person" die spricht, überhaupt keine sichtbare Erscheinung besitzt und, dass sie ebenso vergänglich ist wie alle Verwirrungen der Gedanken, die von dem Akt des Sprechens abhängen. Dies ist unter der Übung und Prüfung im Augenblick des Sprechens zu verstehen. Die sechs Gelegenheiten zur Anwendung der Übung des Anhaltens und Prüfens können sich zu jeder Zeit darbieten. Man muss sich dieser Übung bedienen, sobald es nötig ist und in jener Art, die in den fünf dargelegten Weisen beschrieben wurde.
7. Die Übung des Anhaltens bezieht sich auch auf geschaute Dinge: Wenn unsere Augen dieses oder jenes Objekt erfassen, dann muss man bedenken, dass der wahrgenommene Gegenstand nicht mehr Wirklichkeit besitzt als der Widerschein des Mondes auf dem Wasser. Wenn das Erblickte angenehm ist, darf nicht Begierde in unserem Bewusstsein erwachen. Ist

der Gegenstand abstoßend, darf keine Abneigung entstehen. Geschieht weder das eine noch das andere, dann darf der Geist auch nicht beunruhigt werden, weil er die Bedeutung des mit Gleichgültigkeit Betrachteten nicht erkennt. Dies ist die Übung des Anhaltens im Augenblick des Erblickens. Was aber bedeutet die Prüfung beim Erblicken dieses oder jenes Gegenstandes? Man muss bedenken, dass alles, was man sieht, nur eitel und leer ist. Dies bedeutet, dass trotz allen Suchens keine Substanz in den Sehorganen selbst zu finden ist, auch nicht in dem erschauten Gegenstand, im Raum oder Licht. Die Tatsache, dass man eines Gegenstandes bewusst wird, ist ein Phänomen, das von der Rückwirkung des Lichtes auf unsere Augen und von anderen Gründen und Bedingungen abhängt – einschließlich des Denkvorganges, der im Bewusstsein als Reaktion auf die Unterscheidung zwischen den verschiedenen wahrgenommenen Dingen entsteht. Diese erschauten Dinge lösen die verschiedensten Arten guter und schlechter Erregungen und Schwankungen (der Gedanken) aus. So muss man sogleich bedenken, dass die Bewusstheit des Auges überhaupt keine sichtbare Erscheinung besitzt und muss auch verstehen, dass die schauende „Persönlichkeit" (und alles, was mit der Schau zusammenhängt) nur eitel und leer ist. Dies ist unter der Übung des Prüfens im Augenblick des Sehens gemeint.

8. Was versteht man unter der Übung des Anhaltens und Prüfens, wenn die Ohren Töne vernehmen? Sobald man eines Klanges bewusst wird, muss man bedenken, dass dies nicht mehr Wert hat als ein Echo. Ist der Ton angenehm, dann darf man nicht erlauben, dass er Begierde erweckt. Ist er unharmonisch, darf man nicht zulassen, dass er Angst oder Abneigung hervorruft. Wenn der Ton weder angenehm noch unangenehm ist, dann darf er weder Neugier erwecken noch den Geist beunruhigen. Das versteht man unter der Übung des Anhaltens im Augenblick, in dem man einen Ton hört. Was bedeutet die Übung der Prüfung in Hinblick auf das Hören? Man muss sich sogleich erinnern, dass alle Töne überhaupt keine Wirklichkeit besitzen. Ein Ton ist nur das Ergebnis des Hörapparates, der in Kontakt gebracht wird mit den Schwingungen, die seinem Mechanismus entsprechen. So wird die Bewusstheit des Hörens gereizt, und der Verstand kann Unterscheidungen feststellen. Hieraus erwachsen alle Arten von Erregungen und Denkschwankungen guter wie schlechter Art, die das Hören bewirken. Man muss bedenken, dass das Bewusstsein des Ohres überhaupt keine sichtbare Erscheinung besitzt und dass die „Persönlichkeit" (die Wahrnehmbares durch das Hören aufnimmt) nur leer und eitel ist.

9. Der Geruch: Man muss das Anhalten und Prüfen im Hinblick auf das Riechen üben. Atmet man einen Geruch ein, muss man diesen als Täuschung eines Strohfeuers betrachten. Ist er angenehm, darf man ihn nicht begehren; ist er unangenehm, darf man nicht Abneigung oder Hass gegen ihn empfinden. Ist er gleichgültig, darf er nicht den Geist verwirren. Dies ist die Übung des Anhaltens in Bezug auf den Geruch. Welches ist die Übung der Prüfung im Augenblick, wo man die Gerüche wahrnimmt? Man muss sich sogleich erinnern, dass alles, was man riecht, überhaupt keine Wirklichkeit besitzt. Es ist nur eine Erscheinungsform, die unabhängig ist von der Verbindung zwischen Geruchsorgan (das durch den aufsteigenden Duft gereizt wird) und dem Bewusstsein, das diesen Geruch einordnet, indem es ihn von anderen unterscheidet. Durch diesen Vorgang beunruhigen und verwirren alle Arten von guten und bösen Gedanken die Ruhe des Geistes (die Ruhe des Dhyanas). Erinnert man sich aber, dass das Bewusstwerden des Geruchs überhaupt keine sichtbare Erscheinung besitzt, dann muss man mit Entschiedenheit feststellen, dass die „Persönlichkeit" (die mit diesem verbunden ist) und ihre Eindrücke nur eitel und leer sind. Dies ist die Übung der Prüfung, die den Geruch betrifft.

10. Der Geschmack: Im Augenblick des Schmeckens muss man das Anhalten üben. Dies bedeutet die Überlegung, dass der Geschmack von diesem oder jenem nicht mehr Wirklichkeit besitzt, als im Traum. Ist der Geruch angenehm, darf er kein Begehren hervorrufen. Ist er unangenehm, darf man nicht durch Abneigung beunruhigt werden. Ist er gleichgültig, muss man ihn nicht beachten. Dies ist die Übung des Anhaltens. Im Hinblick auf die Übung des Prüfens, muss man sich im Augenblick des Schmeckens sofort daran erinnern, dass der Geschmack überhaupt keine Wirklichkeit an sich besitzt. Und warum? Wenn man auch sechs Arten von Geschmack unterscheidet, so ist doch ein jeder nur eine Empfindung, die von der Zunge und dem Bewusstsein abhängt, das den Geschmack einordnet. Dieser hängt seinerseits von den Denkvorgängen ab, die die Verschiedenheiten des Geschmacks feststellen. Auf diese Weise entstehen alle Arten von guten und schlechten Gedanken, die die Stille des Dhyanas erregen und beunruhigen. Bedenkt man aber, dass das Bewusstsein, das mit dem Geschmack verbunden ist, überhaupt keine eigene Erscheinung hat, dann muss man den Schluss ziehen, dass die „Person", die etwas schmeckt und alles, was von dem Geschmack herrührt, nur leer und eitel ist. Dies ist die Übung der Prüfung im Augenblick des Schmeckens.

11. Das Tasten: Im Augenblick, in dem man die Dinge berührt, muss man das Anhalten und Prüfen üben. Wenn man auch etwas mit den Händen oder dem Körper berührt, so muss man dieses doch sogleich als eine Täuschung, einen Schein erkennen. Ist die Empfindung, die sich aus der Berührung ergibt, angenehm, dann darf man sich nicht an sie binden. Ist sie unangenehm oder peinlich, darf man weder Hass noch Antipathie empfinden. Ist sie gleichgültig, darf man sich nicht bei ihr aufhalten, noch Unterscheidungen treffen, sich auch nicht an sie erinnern. Dies bedeutet die Übung des Anhaltens im Augenblick der Berührung. Wie aber soll man im Augenblick, in dem man die Gegenstände berührt, die Übung des Prüfens vollziehen? Man muss sich sofort erinnern, dass die Empfindungen der Schwere, der Leichtigkeit, der Wärme oder Kälte, die Empfindung, dass ein Gegenstand glatt oder rauh ist, überhaupt keine Wirklichkeit besitzen, mit Ausnahme jener, die unsere Gedanken ihr geben. Diese Empfindungen sind reine Einbildungen und oft Ursache von Scham und Täuschung. Man muss erkennen, dass auch diese Dinge ebenso wie der Körper, der die Empfindungen hervorbringt, unwirklich sind. Sobald die Ursachen und Bedingungen miteinander vermischt sind, erwachen Empfindungen, Wahrnehmungen und Bewusstsein. Aus diesen entstehen Erinnerungen, Unterscheidungen und der Unterschied von Glück und Leid. Man muss sich also im Augenblick, in dem man die Gegenstande berührt, erinnern, dass das Bewusstsein, das mit dem Berühren verbunden ist, überhaupt keine sichtbare Erscheinung hat und dass die „Person", die eine Berührung empfindet (und alle Ergebnisse aus der Berührung fassbarer Gegenstände) eitel und leer sind. Dies versteht man unter der Übung der Prüfung während der Berührung und der Empfindung des Tastens.

12. Man muss das Anhalten und Prüfen üben, sooft der Geist mit Denken beginnt. Da wir schon zu Beginn unserer Abhandlung hierüber sprachen, soll dieses Thema nicht weiter verfolgt werden. Wenn man sich zur Übung des Dhyanas niedersetzt, kann irgendeines der durch die Sinne verursachten Hindernisse die Meditation stören. Man muss dann jenes Heilmittel anwenden, das dem Übel entspricht und es aufheben kann. Da diese Übungen und Heilmittel schon beschrieben wurden, wollen wir nicht mehr darauf zurückkommen. Wer diese Lehren auf die Übung des Dhyanas anzuwenden vermag, wird sich im Augenblick des Handelns, des Stehens, Sitzens, Liegens, des Sehens, Hörens, Tastens oder Denkens bewusst, dass er wirklich den Dhyana des Mahayanas übt. So muss man die Unterweisungen auf alle physischen wie geistigen Handlungen anwenden und sich seines Tuns und der wahren Natur der Handlung klar bewusst sein. Das Ziel des Anfängers ist es, den Geist entspannt und ruhig zu halten und die Stille der Gedanken zu erreichen, damit er das Wesen des Geistes zu betrachten vermag.

Im Maha-Vagga Sutra steht geschrieben: „Der Herr Buddha sprach zu seinem Schüler Sona: Wenn die Bodhisattvas-Mahasattvas wissen, wie man im Augenblick des Handelns handeln muss, wie man sich setzen muss, wenn man sich hinsetzt, oder wie man das Kleid eines Mönches tragen muss, wenn man es trägt, wenn sie wissen, wie man die Übung des Dhyanas beginnen muss, wenn man sie beginnt und wie man sich im Augenblick des Beendens aus ihr zurückzieht, dann kann man sie mit Recht Maha-Bodhisattvas-Mahasattvas, die großen Wesen nennen."

Wenn man imstande ist, Mahayana in jedem Augenblick und an jedem beliebigen Ort zu üben, dann ist man (wie gesagt) würdig, das erhabenste Wesen der Welt, ein höchstes Wesen genannt zu werden. Niemand ist diesem zu vergleichen.

In einem Sastra des Mahayana heißt es: „Um das Glück der Götter (Devas) zu ersehen, muss man sich in einen stillen Wald zurückziehen, auf alle schlechten Pfade verzichten, sich von allen Begierden befreien und mit ruhigem Geist Dhyana üben."

Jetzt wünschst du dir weltliche Dinge, Vergnügen, Reichtum, Ruhm. Doch diese können dir keinen Frieden geben, denn es gibt keine Möglichkeit, deine Wünsche zu erfüllen. Wir, die wir das gefleckte Kleid tragen, wohnen zurückgezogen in friedlicher Abgeschiedenheit. Unser Geist ist in jedem Augenblick ruhig und gesammelt, ob wir handeln, aufrechtstehen oder sitzen. So werden wir mit Weisheit erleuchtet und erkennen alle Dinge in ihrer wahren Natur. Wenn wir auf diese Weise weiter alle Erscheinungen mit ausgeglichenem und ruhigem Geist betrachten, gewinnen wir Heiterkeit, Verständnis und erleuchtete Schau, die die Möglichkeiten der dreifachen Welt überschreiten.

Siebentes Kapitel
Entwicklung und Offenbarung der guten Eigenschaften

Ist man erfahren im Anhalten der Gedanken und in der tiefen Schau, dann wird man zuerst die Leere und Unwirklichkeit der Erscheinungen

verstehen, die nun keine Hindernisse mehr bilden für die Meditation. Dann erlangen Körper und Geist stille Heiterkeit. In diesem Zustand entwickeln und offenbaren sich viele gute Eigenschaften. Zusammenfassend wollen wir zwei Arten dieser guten Eigenschaften beschreiben:
Die erste ist die Entwicklung guter äußerer Eigenschaften, wie Almosengeben (Dana), Befolgen der Vorschriften, Pflegen der Eltern, Achtung vor dem Älteren, Darbringen der Opfer vor den heiligen Bildern (Buddharupa), Befolgen der Lehren der Schriften und vieles andere mehr. Man muss aber achtsam sein, denn diese gute äußere Entwicklung kann vom Wachstum schlechter Eigenschaften begleitet werden. Im Augenblick soll dieser Unterschied zwischen guten und schlechten Eigenschaften nicht besprochen werden, er ist aber nicht aus den Augen zu verlieren.
Die zweite Art ist die Entwicklung der guten inneren Eigenschaften. Hierunter sind die guten Eigenschaften zu verstehen, die während der Übung des Dhyanas entstehen und offenbar werden. Es gibt drei Gruppen dieser guten Eigenschaften.
Die erste Gruppe besteht aus fünf guten Eigenschaften:
1. Die Entwicklung der guten Eigenschaften, die durch rechte Atmung entstehen: Wenn man in der Übung des Anhaltens und Prüfern genügend erfahren ist, werden Körper (Seele) und Geist in rechter Weise ausgeglichen, und die Täuschungen des Denkens werden vergehen. Wenn die Gedanken allmählich aufhören, wird der Geist ruhig und konzentriert. Die Entwicklung und Offenbarung der guten Eigenschaften schreitet so weit fort, wie es unter den Bedingungen dieser Welt der karmischen Handlungen möglich ist (das bedeutet soweit es das Karma erlaubt). Aber erst wenn man auf den zehn Stufen der Bodhisattvas voranschreitet, werden Körper und Geist den Zustand vollkommener Ruhe erlangen, und der Geist im Verlauf des Dhyanas unverlierbare Sicherheit und Frieden finden.
Auf der ersten Stufe des Dhyanas wird man sich keines körperlichen oder geistigen Erfolges bewusst. Aber nach ein oder zwei Sitzungen, nach ein oder zwei Tagen, vielleicht aber auch nicht vor ein oder zwei Monaten wird man sich allmählich bewusst, dass man Dhyana weiter fortsetzen und bei nicht unterbrochener Übung allmählich Erfolg erlangen wird, auch wenn sich kein äußeres Zeichen des Fortschrittes bemerkbar macht. Plötzlich erkennt man, dass gewisse Veränderungen in Körper und Geist sich vollziehen, da man viel feinfühliger wird für die Reaktionen der Umstände. Man beachtet die leisesten Unterschiede zwischen Freude und Schmerz, Wärme und Kälte, Schwere und Leichtigkeit, Glätte und Rauheit. Im

Augenblick wo diese Unterschiede empfunden werden, sind Körper und Geist sehr friedlich, ruhig, glücklich, fröhlich und rein. Zuerst mag diese Empfindung noch schwach sein, fast nicht zu beschreiben, und doch ist sie wirklich. Dies sind die guten Eigenschaften, die sich zugleich mit der geregelten Atmung entwickeln. Daher die grundlegende Bedeutung, die dem geschulten Atemrhythmus während der Dhyana-Übung zukommt.
Man kann aber auch (unter den gleichen Bedingungen dieser karmischen Welt), ehe man auf den zehn Stufen der Bodhisattvas voranschreitet, plötzlich seiner Atmung bewusst werden, indem man ihre Ruhe, Entfaltung, ihr Eindringen in alle Poren beobachtet. Dann wird man auf einmal im Geist gewahr, dass es 36 gute Eigenschaften in uns gibt. Es ist, als öffne man die Tür des Speichers und würde eine Fülle von Sesamkörnern und Bohnen wahrnehmen. Dies erfüllt den Geist mit Staunen und Freude, mit Frieden und Ruhe, Stille und Entzücken. Solcherweise ist die wunderbare Entwicklung und Offenbarung der guten Eigenschaften, die sich aus der Übung des Dhyanas ergibt, wenn sie von der rechten Atemübung begleitet wird.

2. Die Entwicklung und Offenbarung der guten Eigenschaften durch Prüfung der Unreinheit, die dem Wesen des von uns am meisten geliebten – des Körpers zugrunde liegt: Wenn wir im Dhyana (unter den Bedingungen der karmischen Welt, ehe wir in den Zustand der Bodhisattvas eintreten) über die Leere und Vergänglichkeit des Körpers nachdenken, dann erblicken wir Leichname, voller Würmer und Schmutz, die anschwellen und eiternd in Fäulnis übergehen und schauen die Knochen von Toten, die im Umkreis verstreut liegen. Diese schreckliche Schau der Bestandteile jener Körper, die wir geliebt haben, erweckt ein Gefühl der Trauer und des Mitleids. Dies ist unter der Entwicklung und Offenbarung der guten Eigenschaften durch die erleuchtete Einsicht in die Unreinheit der vergänglichen und zusammengesetzten Dinge zu verstehen. Oder es erhebt sich während der friedvollen Übung des Dhyanas die Erinnerung an die Unreinheit des eigenen Körpers, und man sieht gleichsam vor Augen das eigene aufgehängte Skelett. Wenn man die Bedeutung der fünf Sinnlichkeiten versteht, empfindet man Abscheu bei dem Gedanken, dass man den eigenen Körper dem Tod unterwerfen muss. Bei diesem Gedanken verliert man jeden Stolz und jedes Vertrauen zu dem eigenen Ich und dem Ich der Anderen. Aus dieser Tatsache wird der Geist Frieden und Ruhe gewinnen. So entwickeln sich die guten Eigenschaften und offenbaren sich durch Auflösung der Bindungen an die lebendigen Dinge, deren Unreinheit man erkennt. Das Haften an den Dingen der äußeren Welt entfällt, wenn man zugleich ihre Unreinheit erkennt. Wenn die Auflösung der Bindungen stattgefunden hat, dann entwickeln sich die guten Eigenschaften.

3. Entwicklung und Offenbarung der guten Eigenschaft des Mitleids: Wenn man im Dhyana (unter den Bedingungen dieser karmischen Welt vor Eintritt in den Zustand der Bodhisattvas) die guten Eigenschaften anderer entdeckt, dann wird sich ein Gefühl des tiefen Mitleids erheben mit allem, was sinnenhaftes Leben hat. Anblick und Erinnerung an unsere Eltern, an unsere Verwandten und vertrauten Freunde wird vor uns aufsteigen, und unser Körper wird erfüllt von unbeschreiblicher Freude und Dankbarkeit. Dann wird Mitleid für unsere alltäglichen Bekannten, selbst für unsere Feinde und alle Lebewesen in den fünf Daseinsbereichen erwachen. Wenn man sich nach solchen Erfahrungen von der Übung des Dhyanas erhebt, ist das Herz voller Freude und Glück, und man wird den ersten besten mit Güte und Frieden begrüßen. Dies ist die Entwicklung und Offenbarung der guten Eigenschaft des Mitleids. In gleicher Weise wird die Entwicklung und Offenbarung anderer guter Eigenschaften, wie Wohlwollen, mitfühlende Freude und ruhige Heiterkeit verwirklicht.

4. Die Entwicklung der guten Eigenschaft der Schau, die die Ursachen und Bedingungen durchdringt: Als Ergebnis der Übung des Anhaltens und Erfahrens im Dhyana (unter den Bedingungen der karmischen Welt vor Eintritt in den Zustand der Bodhisattvas) wird bei ruhiger Körper- und Geisteshaltung plötzlich die durchdringende Schau der Ursachen und Bedingungen des vergangenen, gegenwärtigen und zukünftigen Lebens aufsteigen. In diesem Augenblick wird man klar erkennen, dass die Dinge keine Ich-Persönlichkeit oder Ich-Natur besitzen, sondern sich den Ursachen und Bedingungen entsprechend entwickeln, die der Unwissenheit und unseren Handlungen entspringen. Wird man hiervon durch die erleuchtete Schau überzeugt, dann wird man alle Vorstellungen aufgeben, die den Erscheinungen Attribute der Wirklichkeit beimessen. Diese Vorurteile werden zerschlagen; man wird eine vollkommenere geistige Konzentration und hieraus folgend einen tieferen Frieden und das Gefühl geistiger Sicherheit empfangen. Im tiefsten Winkel des Bewusstseins wird eine viel verständigere Intelligenz sich erheben, der Geist wird im Dharma eine reinere Freude finden, nebensächliche Umstände werden nicht mehr beunruhigend wirken, und man wird mit Geduld die Tatsache annehmen, dass die Persönlichkeit nur aus fünf nach Leben begehrenden Zusammensetzungen besteht: aus Form, Empfindung, Wahrnehmung, aus willensmäßigen Handlungen und dem Bewusstsein. Man wird geduldig die Tatsache annehmen, dass die gesamte äußere Welt aus den verstandesmäßigen Reaktionen zwischen den sechs Sinneswahmehmungen und den ihnen entsprechenden Berührungsfeldern besteht und mit Geduld die Tatsache annehmen, dass alle körperliche Erfahrung in den Bereichen unserer physischen Sinne eingeschlossen ist – sowohl die Gegenstände der Sinneswahmehmungen, wie die Bewusstseinszustände, die jedem dieser Sinne entsprechen. Dies ist unter der Entwicklung und Offenbarung der guten Eigenschaft der in die Ursachen und Bedingungen eindringenden Schau zu verstehen.

5. *Die Entwicklung und Offenbarung der guten Eigenschaft der Erinnerung an alle Buddhas.* Im Dhyana wird sich (unter den Bedingungen der karmischen Welt vor Eintritt in den Zustand der Bodhisattvas) dank unserer Übung des Anhaltens und der Verwirklichung, bei ruhiger und stiller Körper- und Geisteshaltung der Geist plötzlich der unbegreiflichen Verdienste und der Reinheit aller Buddhas erinnern. Man wird an ihre zehn übersinnlichen Kräfte (Schlüssel) denken, an die vier angstlosen Zustände (der Gottverbundenheit), die achtzehn charakteristischen Zeichen oder Merkmale (des kosmischen Schöpferwortes) eines Buddhas. Man wird sich an die Samadhis erinnern, die sie erlangten und an die geistige Befreiung, ebenso an ihre Beherrschung aller Art von Möglichkeiten und Fertigkeiten und an ihre Macht der Verwandlung, deren sie sich zum Wohl aller Lebewesen frei bedienen. Alle diese Kräfte und Verdienste überschreiten das menschliche Verständnis. In der Erinnerung an diese höchsten Kräfte und Verdienste wird sich im Geist des Dhyana-Übenden Ehrfurcht vor allem Leben erheben, ein Gefühl der Brüderlichkeit mit allen Wesen. Man wird spüren, wie die Kräfte der Samdhi sich entwickeln. Freude und Glück werden Körper und Geist durchdringen, die sich in Reinheit und Sicherheit eingehüllt fühlen. In solchen Augenblicken wird man nicht beunruhigt von Schlechtem, das sich entwickelt oder in Erscheinung tritt. Wenn man sich vom Dhyana zurückzieht, wird der Körper sich leicht und beweglich fühlen. Man wird so sehr auf die guten Eigenschaften vertrauen, dass man von allen, denen man begegnet, Achtung und Antwort auf den eigenen guten Willen erwartet. Dies versteht man unter der Entwicklung und Offenbarung der guten Eigenschaften und Kräfte des Samadhi durch die Erinnerung an alle Buddhas.

Werden durch die Übung des Anhaltens und Prüfens im Augenblick der Dhyana-Übung Reinheit und Ruhe von Körper und Geist erworben, dann wird man sich der inneren Entwicklung bewusst, die auf verschiedenste Weise die guten Eigenschaften in Erscheinung treten lässt angesichts der Leiden, der Torheit, des Stolzes, der Unreinheit, der abscheulichen Dinge, der unreinen Nahrung, angesichts des Todes und des Wunsches nach einem Fortleben des Körpers nach dem Tode. Man wird sich der wachsenden Liebe für den Buddha, den Dharma und den Sangha, der Achtung vor den Vorschriften, der heiteren Ruhe des Geistes und der Ehrfurcht für die himmlischen Welten (Sphären) bewusst. Man wird sich bewusst, dass man die vier Punkte der rechten Schau und die vier rechten Bemühungen, die vier Kräfte der persönlichen Beherrschung, die fünf Faktoren und die fünf Fähigkeiten des Edlen Pfades erlangt hat, ebenso die sechs Paramitas, die zur Erleuchtung und zu allen Weisheiten (Die fünf Weisheiten, die durch die fünf Dhyani-Buddhas personifiziert werden), auch zu den übernatürlichen Kräften der Verwandlung führen. Der Geist wird die bewusste Kraft besitzen, jedes dieser Dinge zu unterscheiden und sich ihrer fehlerfrei zu bedienen. Der Sutra sagt, dass man bei rechter Kenntnis seiner eigenen Gedanken hierüber erreichen kann, was man will.

Der Begriff der inneren Entwicklung bezieht sich auf die Fähigkeit der Unterscheidung zwischen dem Wahren und Falschen. Zuerst muss man die Entwicklung und Offenbarung der falschen Formen der Konzentration betrachten. Es gibt nur eine fehlerfreie Art, Dhyana zu üben, aber viele fehlerhafte Möglichkeiten. Verschiedene Zeichen lassen diese falschen Weisen des Übens erkennen. Man wird ein Gefühl von Kitzel oder Schwere haben, als stehe der Körper unter Druck. Oder man empfindet ein Gefühl der Leichtigkeit. Der Körper scheint zu schweben. Häufig entsteht das Gefühl, als würde der Körper von Fesseln zurückgehalten, manchmal empfindet man Schlaflosigkeit, Kälte oder Wärme. Manchmal treten seltsame wechselvolle Umstände ein; für Augenblicke verdunkelt sich das Denken; zu anderen Zeiten steigen üble Wahrnehmungen auf. Man denkt an die Sorgen und Schwierigkeiten der Anderen. Dann wieder ist man ohne Sorgen und voller Optimismus, oder ganz plötzlich voller Pessimismus. Es kann geschehen, dass man so sehr von Furcht erfasst wird, dass sich auf dem Kopf die Haare sträuben, während man sich in anderen Augenblicken trunken vor Glück und wie berauscht fühlt. Alle diese falschen oder schlechten Entwicklungen können während der Übung des Dhyanas eintreten, aber man darf ihnen überhaupt keine Aufmerksamkeit beimessen. Wenn man sich an die eine oder andere dieser falschen Auswirkungen hängt, kann man zum Wahnsinn getrieben werden, als fiele man unter den

Einfluss der 25 Dämonen, welche die Personifizierung der schlechten Gedanken sind. Wenn die Devas, die Dämonen oder bösen Geister merken, dass man für diese schlechten Entwicklungen empfänglich ist, dann werden sie manchmal die Fähigkeit des Meditierens verstärken, um uns schneller dem Irrtum dieser üblen Erscheinungen zuzuführen und ihre Entwicklung zu steigern. Manchmal verleihen sie uns gewisse Fähigkeiten der Erkenntnis und Beredsamkeit, ein anderes Mal magische Kräfte, um die Menge zu erregen.

Die unüberlegte Masse wird denken, dass ein solcher Mensch Erleuchtung erlangt hat, wird ihm vertrauen und gehorchen. Sein betrogener Geist aber ist in einem Zustand der Verwirrung. In Wirklichkeit benutzt er die Bemühungen der bösen Geister, um die Menge ins Chaos zu stürzen. Unglück über den, der sich diesen schlechten Entwicklungen und Offenbarungen hingibt. Seine Übung des Dhyanas wird abnehmen und nach seinem Tod wird er in die eine oder andere der üblen Daseinsformen fallen.

Wenn aber der wirkliche Schüler (dessen Herz ganz dem Buddha zugewandt ist) diese schlechten Entwicklungen und falschen Erscheinungen erfährt, wird er sie sofort zurückweisen. Auf welche Art? Indem er sie als falsch und trügerisch erkennt, ihnen keine Aufmerksamkeit zuwendet, sie nicht zurückhält, sich auch nicht an sie bindet. Dann werden sie bald vergehen. Wenn man sie mit der durchdringenden Schau betrachtet, werden sie sehr schnell zurückweichen.

Die andere Art, zwischen dem Falschen und Wahren zu unterscheiden, ist die Erkenntnis der Entwicklungen und Offenbarungen, die in der rechten Dhyana-Übung gewonnen wird. Verfolgt man die richtige Übung des Dhyanas, dann werden sich alle Arten der in der rechten Dhyana-Übung gewonnenen Erscheinungen und verdienstvollen Eigenschaften entwickeln und offenbaren. Das erleuchtete Bewusstsein wird sie gewahr durch die Wohltat, die aus der Übung des Dhyanas gewonnen wird. Der Körper wird leicht und fröhlich, ruhig und heiter. Die Hindernisse der Meditation schwinden, gute und hilfreiche Gedanken steigen auf. Die Ehrfurcht vor der Übung nimmt zu, das Vertrauen zum Dhyana vertieft sich, Verständnis und Weisheit werden offensichtlich und des Vertrauens würdig. Körper und Geist werden empfindsam und beweglich, die Gedanken werden tiefgründig und sollen noch oberflächlicher immer weniger. Der Körper wird ruhig, und man empfängt eine instinktive Abscheu vor den

Begehrlichkeiten des gewöhnlichen Menschen. Unter dem Einfluss solcher Gegebenheiten wird der Geist begierdelos und frei vom Haften an dem Bedingten. Offenheit und Anmut werden die Merkmale des täglichen Lebens sein. Dies sind die rechten Entwicklungen und Offenbarungen, die der Übung des Dhyanas folgen sollten. Solche Reaktionen sind denen zu vergleichen, die man Menschen gegenüber empfindet. Man fühlt sich unter schlechten Menschen gereizt und verärgert, unter guten Menschen wohl und zufrieden. Die Übung des Anhaltens und Prüfens während der Meditation hilft der Unterscheidung zwischen schlechten und guten Entwicklungen, die sich bei der Übung des Dhyanas ergeben.

Zum dritten muss man sich dieser Übung des Anhaltens und Prüfens stärker bedienen, um unaufhörlich die guten Eigenschaften zu nähren, damit sie sich entfalten. Um sie zu entwickeln und zu erhalten, muss man unablässig Zuflucht zu der Übung des Anhaltens und Prüfens nehmen. Manchmal ist die Frage des Anhaltens im Augenblick die nötigste, zu anderen Zeiten wird die Beobachtung der Gedanken von größerem Nutzen sein. Man muss mit Hilfe der erleuchteten Schau jeden Geisteszustand gesondert betrachten und dann das ihm gemäße Heilmittel wählen.

Achtes Kapitel
Überwindung der üblen Einflüsse

Im Sanskrit heißt der Titel dieses Kapitels „Mara". Dieser Name entspricht Satan oder dem Dämon. Im Chinesischen aber wird das Wort: „der Tötende" angewendet, weil es sein Werk ist, den Schatz unserer Verdienste zu stehlen und ein Leben der Weisheit zu töten. Früher wurde das Böse personifiziert in Mara, dem König des Bösen, der von einem Heer von Dämonen begleitet wird. Heute aber bezeichnet man ihn mit unpersönlichen Ausdrücken und schreibt das Böse seinen schlechten Einflüssen zu.

Unser Herr Buddha bedient sich aller seiner angehäuften Verdienste und seiner ganzen Weisheit, um alle Lebewesen im Nirwana zu befreien, während die schlechten Einflüsse immer bereit sind, die guten Eigenschaften der Lebewesen zu zerstören und sie im Kreislauf von Geburt und Tod festzuhalten. Wenn man die Geduld hat, dem Edlen Pfad des Buddha zu folgen, dann wird man sich Rechenschaft geben über Einfluss

und Gefahr der üblen Dinge. Diese Einflüsse können in vier Gruppen eingeteilt werden:
- Erregung
- Sinnlichkeit
- Grausamkeit
- persönliche Täuschungen.

Die drei ersten sind dem alltäglichen Leben so gewohnt und entsprechen so sehr den Gedanken des Einzelnen, dass sie hier nicht länger zu erörtern sind. Man muss sie verjagen und durch reines und rechtes Denken ausschalten. Die schlechten Einflüsse aber, die von außen kommen, und die einige für dämonisch und diabolisch halten, müssen näher berücksichtigt werden.

Es gibt drei Arten von persönlichen Dämonen: Zunächst sind es die schlechten (äußeren) Einflüsse, die Angst erregen. Es sind zwölf an der Zahl, die sich zu verschiedenen Tages- oder Nachtstunden zu offenbaren scheinen. Sie durchlaufen alle Arten von Verwandlungen, und lassen die einfachsten und harmlosesten Dinge furchterregend werden. Freundliche Frauen oder junge Mädchen erscheinen als Hexen. Man glaubt am frühen Morgen zwischen drei und vier Uhr Tiger, zwischen fünf und sieben Uhr harmlose, doch furchterregende Kaninchen zu sehen. Zwischen sieben und neun Uhr erscheinen grauenvolle Drachen oder Schildkröten, zwischen neun und elf Uhr Schlangen. Zwischen elf und ein Uhr hat man die täuschende Wahrnehmung von Pferden, Mauleseln oder Kamelen, zwischen ein und drei Uhr erscheinen Hammel, zwischen drei und fünf Uhr Affen. Bei Dämmerung sind diese Trugbilder Geier und Raben. In der Dunkelheit der Nacht gleichen sie Hunden und Löwen. Von neun bis elf Uhr erscheinen sie als Schweine oder abstoßende Dinge, von elf bis ein Uhr als flüchtende Ratten und Mäuse, von ein bis drei Uhr als drohende furchterregende Kühe. Wenn man von diesen diabolischen und beängstigenden Erscheinungen überfallen wird, muss man sich an die Tageszeit erinnern und sie aus dem Bewusstsein treiben. Sobald man sie als das sieht, was sie wirklich sind und sie mit dem richtigen Namen nennt wie Hass, Gier, Geiz, verschwinden sie.

Die zweite Art von schlechten Einflüssen besteht aus dem, was Zorn erregt. Auch diese Einflüsse bedienen sich der Verwandlungen, um ihr Ziel zu erreichen. Man hat den Eindruck, als würden Würmer oder Insekten über den ganzen Körper oder den Rücken kriechen, als würden sie uns stechen, kitzeln, uns plötzlich umzingeln, mit ihrem Geschrei aus der Fassung bringen oder über uns hinwegspringen. In solchen Augenblicken müssen wir die Gedanken in Zucht halten, jede Erregung vermeiden und uns sagen: Ich weiß, wer du bist. Du bist nichts anderes als eine der kleinen Anfechtungen des Lebens, nur eine der herausfordernden Meinungsverschiedenheiten, die die Geduld unter Beweis stellen und uns verwirren. Die Schüler Buddhas, die die Vorschriften beachten, lassen sich von solchen Erscheinungen nicht erregen oder in Zorn bringen. Manchmal ist es notwendig, dass die Mönche einen Sutra und die Laien die Vorschriften wiederholen, aber an sich haben diese schlechten Einflüsse keine wirkliche Macht und werden nur wirksam, wenn man dies zulässt. Man wird dies deutlich verstehen, wenn man die heiligen Schriften liest.

Die dritte Art von Einflüssen besteht aus allen Trugbildern, die selbstsüchtigen Stolz und persönliche Nachsicht unterstützen. Diese Einflüsse treten in Erscheinung durch die fünf Sinneswahrnehmungen, die auch die guten und rechten Gedanken stören und zu unterbrechen suchen. Sie teilen sich in drei Gruppen:

- Zuerst in jene, die die abstoßenden Dinge verwandeln, damit sie wünschenswert erscheinen.
- Zweitens gibt es Verwandlungen, die erfreuliche Dinge als nicht wünschenswert erscheinen lassen.
- Drittens werden an sich gleichgültige Dinge so verändert, dass sie anders erscheinen, als sie es in Wirklichkeit sind, was geistige Verwirrung hervorruft.

Alle diese Verwandlungen, die das Denken verwirren, vom rechten Weg abbringen und betrügen wollen, gleichen sozusagen dem Werk der „Dämonen" und „Teufel". Denn ihre Pfeile richten sich gegen die höchsten Gedanken und Gefühle. Sie greifen nicht offen an, sondern von hinten und von unten her, indem sie die erfreulichen Dinge wie die Gestalten der Eltern, Geschwister, Freunde verändern. Das einfache und friedliche Leben, die schönen Gedanken des Buddhas werden nicht mehr gesehen wie sie wirklich sind. Sie drängen uns in Zustände, die ohne substantielle Grundlagen sind und Leiden auslösen. Sie verwandeln harmlose Dinge in erschreckende Tiere, um uns zu täuschen und zu ängstigen, oder sie verändern die gewohnten Zustände, um die Übung des Dhyanas zu verhindern oder zu stören. Durch sie werden erfreuliche wie abstoßende Erscheinungen verwandelt und die unangenehmen wie die angenehmen

Töne, die erfreulichen wie die schrecklichen Gerüche, die köstlichen wie die unangenehm schmeckenden Dinge, die guten wie die schlechten Gedanken und auch die Bedingungen des täglichen Lebens verändert. So verfällt man dem Irrtum und wird auf dem Edlen Pfad zurückgehalten. Diese Verwandlungen sind so zahlreich, dass sie nicht einzeln aufgeführt werden können. Man kann sie in fünf Gruppen einteilen. Alles, was dazu dient, die fünf Sinneswahrnehmungen und die Gedanken zu verändern, ist das Werk von Maras Heer der drei Furien. Ziel solcher Tätigkeiten ist Betrug und Vernichtung der guten Eigenschaften, Störung der Ruhe und Hervorbringen von Hindernissen beim Üben des Dhyanas.

„Verstehe, dass die sinnlichen Begierden das vorderste Heer deines Feindes sind. Entmutigung und Trauer sind das zweite; Hunger und Durst das dritte; die Bindungen sind das vierte, Trägheit und Schläfrigkeit das fünfte; Angst und Schrecken das sechste; Zweifel und Gewissensbisse das siebente; Hass ist das achte; selbstsüchtiges Verlangen nach Bequemlichkeit und Lobreden das neunte, egoistischer Stolz und Selbstbefriedigung sind das zehnte Heer. Alle diese Heere des Bösen umzingeln den Schüler Buddhas. Du aber sprichst: „Ich werde alle diese Heere mit Hilfe meiner Dhyana-Übung besiegen, und wenn ich die Erleuchtung empfangen habe, werde ich die ganze Menschheit befreien."

Wenn die Schüler Buddhas von diesen schlechten Einflüssen erfahren, dann müssen sie ihnen entschlossen Widerstand leisten. Hierfür gibt es zwei Mittel: Das erste ist die Übung des „Anhaltens". Sobald man sich bewusst ist, dass einer dieser schlechten Einflüsse Macht gewonnen hat, muss man sich erinnern, dass er nur Lüge und Täuschung ist. Geschieht dies, dann gibt es weder Furcht noch Traurigkeit, weder Abneigung noch Anziehung, nicht Unterscheidung noch Überlegung. Übt man das Anhalten der Gedanken, wird der Geist ruhig, und die Heere Maras lösen sich auf.

Das zweite Mittel, um den schlechten Einflüssen Widerstand zu leisten, ist die Übung der tiefen Schau und der Prüfung. Überlegt man sich, dass im wahrnehmenden und unterscheidenden Geist überhaupt kein objektiver Widerstand liegt, dann können folgerichtig die schlechten Einflüsse nichts durchkreuzen oder täuschen. Wenn die schlechten Gedanken durch die Übung der tiefen Schau und der rechten Aufmerksamkeit aufgehalten werden, dann kann man von ihnen zumindest nicht erregt noch erschreckt werden. Man muss entschlossen sein, den Geist, selbst unter Einsatz des Lebens, ruhig und stetig zu halten.

Bei der Übung der rechten Aufmerksamkeit legt man sich Rechenschaft darüber ab, dass die Vorstellung von Mara wie die Personifizierung des Bösen und die Vorstellung von Buddha wie die Personifizierung des Guten in Wirklichkeit das gleiche sind – die Vorstellungen von Erscheinungen. Da sich beide das Gleichgewicht halten, gibt es in Wirklichkeit nur die eine Vorstellung des Dharmakayas, der „Höchsten Wesenheit, die in der Leere und dem Schweigen ruht". In diesem Sinn gibt es keinen Mara, dem man Widerstand leisten muss und keinen Buddha als Zuflucht. Da Mara nichts anderes ist als die Verwandlung unwirklicher Erscheinungen und Buddha nichts anderes als die Offenbarung der wahrhaften Natur des Dharma-Kayas (Akasha), schwinden zur gleichen Zeit die Verwandlungen Maras, wie sich die Offenbarungen des Buddha-Dharmas verwirklichen. Es darf auch nicht beunruhigen, wenn die Verwandlungen Maras nicht vergehen, oder Zufriedenheit entstehen, wenn dies geschieht. Und warum? Weil diese schlechten (die Übung des Dhyanas verwirrenden) Einflüsse, die als Löwen, Tiger usw. erscheinen, nicht wirklich sind und auch Mara keine Wirklichkeit ist. Unwissenheit, Dummheit und Trugbilder, die uns erschrecken, ebenso wie die unsichtbaren Dinge, die uns anziehen, entstehen durch ein Denken, das getäuscht, verwirrt, ohne Konzentration und unsinnig ist. Die Unruhen, die man den schlechten Einflüssen zuschreibt, sind nur die üblen Zustände unseres eigenen Denkens. Die Langsamkeit im Fortschritt zur Erleuchtung ist nicht auf die Tätigkeit Maras zurückzuführen, sondern auf das eigene Nachlassen in der Übung des Dhyanas.

Wenn auch diese verwirrenden Bedingungen mehrere Monate, selbst mehrere Jahre anhalten, so muss man doch geduldig fortfahren im Versuch, die Zustände des eigenen Denkens zu verbessern. Dies muss mit einer Entschlossenheit geschehen, die Angst und Schmerz leugnet. Früher oder später muss die Lüge der Wahrheit, müssen die Verwandlungen dieser schlechten Einflüsse der unerschütterlichen Anstrengung einer eifrigen Zielgerichtetheit weichen. Dennoch dürfen diese Einflüsse nicht leicht genommen werden. Denn je tiefer sie sind und je stärker die Bemühung ist, sie auszurotten, um so größer ist auch die Gefahr, die von ihnen ausgeht. Man muss lernen, sie gesondert zu betrachten; sonst können sie zum Wahnsinn führen. Dr. Martin Steinke, Berlin, erzählte, dass in einem Kloster in China, in dem er zum Bhikshu geweiht wurde, Sinnesstörungen und Wahnsinn nicht selten waren. Dies war auf die Übungen der Magie oder auf falsche Anwendungen der Meditation zurückzuführen. Diese ungesunden Zustände eines Glücksgefühls, das von finsterer Entmutigung abgelöst wird, können Krankheiten hervorrufen, selbst zur Todesursache werden. Jeder Schüler muss einen geeigneten Lehrer haben oder einen wissenden Freund von edler Gesinnung, da er früher oder später solchen schlechten Einflüssen begegnen wird.

Wenn diese lästigen Einflüsse und diese sich wandelnden Umstände nicht überwunden werden, kann noch Schlimmeres eintreten, als Krankheit und Tod. Der Schüler Buddhas kann zu einem Ketzer oder Feind Buddhas werden. Manchmal scheint es, als zöge Mara einen Schüler Buddhas an sich, mache ihn zu seinem eigenen Diener und führe ihn zu falschen Konzentrationen, falschen Denkvorgängen, zu falschen Intuitionen und falschen übernatürlichen Fähigkeiten, damit er den Dharma mit aller Kraft verkündet und die Menge bekehrt. Später aber scheint Mara Freude daran zu haben, seine Falschheit öffentlich darzutun, um die Pseudo-Bekehrten zu vernichten. Die Kunstgriffe Maras und seines Heeres sind zahllos und nicht aufzudecken. Wir haben die Aufmerksamkeit nur auf einige gerichtet, damit der Schüler Buddhas unaufhörlich auf der Hut ist, vor allem vor der Gefahr der Ketzerei. Die grundlegende Ketzerei, der Glaube an die Wirklichkeit aller Erscheinungen ist das Werk Maras, sie ist die Grundlage von allem.

Im Sutra heißt es: „Sobald du Urteile fällst, befindest du dich schon im Netz Maras. Der Schüler Buddhas darf nicht den schlechten Einflüssen noch der Versuchung Urteil fällender Diskussionen unterliegen. Dies ist die wirkliche Haltung, die ihn vor allem Bösen schützen wird."

Neuntes Kapitel
Die Heilung vom Bösen

Da Krankheit entsteht, wenn die Bedingungen schlecht sind oder die guten schlecht angewendet werden, sollte der Schüler Buddhas durch Beobachten der Vorschriften, durch Befolgen des Edlen Pfades und durch Üben des Dhyanas frei oder fast frei von diesen werden. Eine weise Beherrschung der Gedanken ist das beste Vorbeugungsmittel gegen Krankheit und auch ihre beste Heilung. Sind Körper, Geist und Atmung in guter Verfassung, stimmen die (Lebens-) Bedingungen mit den Lehren Buddhas überein, wird man fast alle Krankheiten überwinden und die meisten Verletzungen heilen können. Man muss das möglichste tun, um seine gute Gesundheit zu erhalten. Denn Krankheit ist dessen nicht würdig, der zur Erleuchtung voranschreitet. Überdies ist die schlechte Gesundheit ein Hindernis für die Übung des Dhyanas.

Zweierlei ist hierbei zu beachten: Das eine bezieht sich auf Natur, Entwicklung und Symptome der Krankheit, das andere auf die Unterscheidung zwischen einer Krankheit, die durch äußere Umstände und jener, die durch ungeschultes Denken hervorgerufen wird. In beiden Fällen muss man den Anfang der Krankheit beobachten und zu vermeiden suchen, dass sie ernsthaft wird, indem man (sobald wie möglich) die äußeren und inneren Bedingungen verbessert. Das beste Heilmittel hierfür ist die Übung des Anhaltens (der Gedanken) und die Anwendung der tiefen Schau. Hier will Anhalten besagen: Ausschalten der schlechten Bedingungen (sich von ihnen befreien) und ein Ende setzen den üblen Angewohnheiten. Die tiefe Schau bezeichnet Prüfung und Besinnung auf den Aspekt der Leere aller Erscheinungen. Erlaubt man den Gedanken nicht mehr, sich um die Symptome zu kümmern und zwingt man den Geist folgerichtig über die Unwirklichkeit der Körper und Gedanken nachzudenken, dann wird er ruhig und die Symptome schwinden. Grund hierfür ist, dass die meisten Krankheiten durch geistige Verwirrung entstehen. Vermag man diese durch rechte Aufmerksamkeit zu beherrschen, dann wird das Denken wohlwollend und ruhig, und die Krankheit vergeht. Man kann aus Mineralien oder Pflanzen hergestellte Medizinen einnehmen, wenn diese in der rechten Beziehung zur Krankheit stehen.

Das gleiche gilt für die rechte Anwendung der Arten und Mittel für die Übung der tiefen Schau. Jede Übung muss der geistigen Krankheit angepasst (oder ihr entsprechend) sein. Wenn man die Krankheit durch eine Weise der tiefen Schau erfolgreich behandeln will, dann gibt es hierfür zehn Möglichkeiten:

1. Vertrauen (oder Glauben): Man muss glauben, dass das Heilmittel guttun wird.
2. Anwendung: Man muss das Mittel in rechter Weise und zur notwendigen Zeit anwenden.
3. Sorgfalt: Das Mittel muss sorgfältig, ohne Unterbrechung bis zur Heilung angewendet werden.
4. Fortdauernde Bedingungen: Dies bedeutet, dass die Gedanken fortwährend auf den Dharma gerichtet sein müssen.
5. Unterscheidung der Ursachen.
6. Fähigkeiten: Hierunter ist die rechte Atmung und Übung zu verstehen. Die rechten Gedanken müssen geordnet und

ausgeglichen sein.
7. Langes Üben: Hat man die Wohltat der Übung des Dhyanas erfahren, dann muss man getreulich fortfahren, ohne auf die Zeit zu achten.
8. Wahl der Mittel: Man muss die Wirkung eines Heilmittels beobachten, sie aufzeichnen und sich Rechenschaft ablegen, ob dieses Heilmittel nützlich oder schädlich ist. Je nach dem Erfolg entscheidet man sich zur weiteren Anwendung des nützlichen Mittels.
9. Unterstützen und schützen: Man muss den Körper durch den besten Einsatz der Gedanken schützen.
10. Hindernisse: Empfängt man Wohltaten aus der Übung des Dhyanas, dann darf man sich nicht vor anderen rühmen; vermag man nicht die Hindernisse beim Meditieren auszuschalten, so darf dies nicht zu Zweifel und Beschuldigungen führen. Wird die Krankheit auf diese Weise behandelt, wird man gewiss gute Erfolge haben.

Zehntes Kapitel
Die Erfahrung der höchsten Vollendung
Anuttara Samyak Sambodhi
(Die höchste übersinnliche Weisheit)

Wenn der Schüler Buddhas durch die Übung des „Anhaltens" (der Gedanken) und die erleuchtete, tiefe Innenschau (wie dies in den vorangegangenen Kapiteln dargelegt wurde), erkennen lernt, dass alle Erscheinungen aus dem eigenen Bewusstsein entstehen und ihre Ursachen wie Bedingungen nur Pseudoerscheinungen sind, dann wird er von nun an, sie als leer erkennen, als reine, absolute Leere. Er wird dann unmöglich die gewöhnliche Vorstellung von den Erscheinungen beibehalten. Durch diese neue Vorstellung ist sozusagen „der wahre Gesichtspunkt der Wirklichkeit" erreicht (erfahren). Von diesem Gesichtspunkt aus kann man nicht die Vollkommene und Höchste Vollendung des Buddha wahrnehmen, dem man sich hingegeben hat, und es wird auch unmöglich sein, ein Lebewesen zu erblicken, das man befreien könnte. Wir beziehen uns hier auf die tiefe Schau der Leere, die durch die Betrachtung der Unwirklichkeit aller

Erscheinungen gewonnen wird und auf die „Schau der Höchsten Wahrheit", die mit den Augen der Erkenntnis, wie mit dem Herzen der Erfahrung (der Intuition) wahrgenommen wird. Doch hält man in der Übung der tiefen Schau an, dann beginnt der Abstieg auf die Stufe eines Pratyeka Buddhas, der mit seiner eigenen Vollendung zufrieden war. „So seufzten – wie es in einem Sutra heißt – die Arhants (vollendete Person), als es hieß: Wenn wir den Worten unseres Herrn Buddha über das Reine Land, oder über unsere Pflichten gegenüber allen lebenden Wesen lauschen, warum sollten wir dann nicht Anregung und Freude empfinden?"

Was bedeutet dieser Sutra? Er besagt, dass alle Erscheinungen für den Arhant nur leer und wertlos sind. Es gibt weder Geburt noch Tod, weder Größe noch Niedrigkeit noch Reinheit oder irgend etwas Unbedingtes. Wie kann man, wenn das Bewusstsein auf solche negativen Vorstellungen konzentriert ist, noch Anregung und Freude empfinden? Man muss deutlich verstehen, dass man bei einer gewissen Konzentration, die allein auf die nicht bedingte Leere gerichtet ist, niemals die Höchste Weisheit entwickeln kann. Dies bedeutet, dass die Vollendung einseitig ist, solange sie die Vorstellung eines Buddha außer acht lässt.

Wenn die Mahasattva-Bodhisattvas in ihrem Geist alle Dharmas des Buddha gegenwärtig haben und gegenwärtig behalten aus Liebe zu allen Lebewesen, dann werden sie nicht in übertriebener Weise an der nicht bedingten Leere haften und nicht zufrieden sein mit dem Nirwana, für das sie allein bestimmt ist.

Von Anfang an müssen die Mahasattva-Bodhisattvas beim Üben der tiefen Schau der Leere aller Erscheinungen auch die durchdringende Schau der Kraftmöglichkeit entfalten, die in der Leere vorhanden ist. Tun sie dies, dann gewinnen sie die deutliche Erfahrung, dass der Geist, wenn er auch in Bezug auf die Ursachen und Bedingungen, die ihm eigen sind, von der Natur der Leere ist, doch die Kraft besitzt, alle Erscheinungen zu schaffen, obgleich diese nicht wirklich sind, nicht andauern und durch die verschiedenen Sinnesorgane, wie Sehen, Hören, Wahrnehmen und Denken in Erscheinung treten.

Der Mahasattva-Bodhisattva vermag trotz seiner Erkenntnis der wesenhaften Leere und Ruhe aller Erscheinungen, durch die Übung der tiefen ausgeglichenen Schau alle Arten von Tätigkeit in seiner Vorstellung von dieser Leere auszuführen, als würde er Bäume in den Wolken pflanzen. Er kann auch jede relative Eigenschaft der Lebewesen unterscheiden. Die Wünsche unserer Natur sind zahllos, ebenso die Arten, die Lehre

auszulegen. Wenn man die verschiedenen Fähigkeiten des Lehrens den verschiedenen Notwendigkeiten der Wesen anpasst, wird man fähig sein, allen Lebewesen in den sechs Königreichen nützlich zu sein. Dies ist unter dem Gesichtspunkt der notwendigen Anpassung an die Bedingungen zu verstehen. Es ist die tiefe Schau der Leere und der Kraftsubstanz in ihr. Dieses wird auch „Die Schau der Gleichheit", „Die Augen des Dharma", „Der Garten der intuitiven Erleuchtung" genannt. Bleibt diese gut ausgeglichene Schau erhalten, dann werden wir (wenn auch schwer und dunkel, da unsere Kräfte der Erkenntnis wenig entwickelt sind) die wahre Natur eines in allen Dingen wirkenden Buddhas wahrnehmen. Wenn der Mahasattva-Bodhisattva diese beiden Arten der tiefen Schau (vom Gesichtspunkt der Leere und vom Gesichtspunkt der wirkenden Kraft aus) gewonnen hat, so hat er doch noch nicht die vollkommen erleuchtete Schau erlangt. Der Sutra sagt, man müsse sich dieser beiden Arten von Tiefenschau bedienen, denn beide sind nützliche Hilfsmittel, um auf einem mittleren Pfad in die höchste Vollendung einzugehen und sich in den beiden Vorstellungen von der höchsten Wahrheit einzuleben:
 − in der vollkommenen Klugheit und
 − der vollkommenen Erfahrung,
 − der vollkommenen Weisheit und
 − der vollkommenen Liebe.
Der Geist der ruhig und friedvoll bleibt, wird dann durch zwei Kanäle strömen und sein Lauf wird in Prajna, dem Meer der Weisheit einmünden. Will der Mahasattva-Bodhisattva mit einem einzigen Gedanken alle Dharmas des Buddhas umschließen, muss er die tiefe Schau vom Gesichtspunkt „des Endes der ketzerischen Trennung der beiden Extreme" ausüben. Dies ermöglicht ihm, in der rechten Schau auf dem Mittleren Pfad fortzuschreiten.
Was bedeutet diese Übung der tiefen Schau auf dem Mittleren Weg? Man muss die Natur des Geistes auf eine verständigere Weise betrachten. Dann erkennt man, dass der Geist weder wahr noch falsch ist und kann von diesem Gesichtspunkt aus die hiermit zusammenhängenden Gedanken zurückhalten. Dies ist unter der rechten Übung der tiefen Schau zu verstehen. Wenn man so tiefgründig über die Natur des Geistes nachzudenken vermag, dass man sie weder als Leere noch als Kraftsubstanz versteht (ohne diese beiden Vorstellungen zu zerstören), dann ist die wahre Natur des Geistes vollkommen und ganzheitlich als ein

Offenbarwerden der Wahrheit des Mittleren Pfades erkannt. Dann kann man leicht und mit Sicherheit über die beiden Pfade der Wirklichkeit (Erkenntnis und intuitive Erfahrung) nachdenken. Vermag man im eigenen Geist diese beiden Aspekte der Wirklichkeit als den Mittleren Pfad zu erkennen, dann wird man sie auch in allen Erscheinungen beobachten. Diese beiden Aspekte der Wirklichkeit sind nicht in unseren Überlegungen über den Mittleren Pfad eingeschlossen; denn es ist unmöglich, ihre Züge in der eigenen Natur zu finden. Dies ist unter der Übung der rechten Schau und des Mittleren Pfades zu verstehen.

Im Madhyamika Sutra heißt es: „Alle Erscheinungen, die aus Ursachen und Bedingungen entstehen, sind nichts als Leere. Wir aber geben ihnen Pseudobezeichnungen (Namen) und denken dann an einen Mittleren Pfad." Prüft man sorgfältig den Sinn dieses Verses, dann sieht man, dass er nicht nur alle Vorstellungen von den Unterscheidungen des Mittleren Pfades enthält, sondern auch das Ziel der zweierlei Übungen der so erfolgreichen (oder nützlichen) tiefen Schau aufzeigt. Man wird auch begreifen, dass die rechte Schau des Mittleren Pfades sich zugleich als die alles verstehende Weisheit der „Augen" Buddhas" und als die Liebe seines alles umschließenden intuitiven Herzens erweist. Kann man in solcher Schau verharren, dann werden die Fähigkeiten des Dhyanas jenen der Erkenntnis das Gleichgewicht halten. Man wird deutlich die wahre Natur des Buddha erblicken, friedvoll im Mahayana ruhen, in Windeseile ungehindert voranschreiten und mit Sicherheit ins Meer der Wahrheit, in Prajna eingehen. Wenn man dem Tun des Tathagata entsprechend handelt, wenn man im Palast des Tathagata verweilt, das Kleid des Tathagata trägt, auf seinem Throne sitzt, dann wird man auch alle königlichen Hilfen des Tathagata erlangen. Man empfängt dann die Reinigung der sechs Sinnesorgane, wird nicht mehr befleckt von den wechselvollen und vorübergehenden Erscheinungen des Lebens und haftet nicht mehr an ihnen. Man wird in die Bedingungen des Buddhas eingehen und fähig sein, alle Dharmas des Buddhas zu verstehen. Durch wiederholtes Aussprechen des heiligen Namens Amitabha wird Samadhi erlangt. Man geht in die friedvolle Fortdauer der Vollkommenen Höchsten Erleuchtung ein und erlangt den höchsten Samadhi des überirdischen Körpers. Nun kann man alle Welten der Buddhas durcheilen und an allen Orten die Lehren Buddhas allen Lebewesen verkünden, alle Khasyas (Schriften) des Buddhas reinigen und verschönern, allen Buddhas an allen Orten Opfer von Nektar bringen und alle Schriften des Dharmas (aller Buddhas) erlangen und befolgen.

Man wird das vollkommene Ideal aller Tätigkeiten besitzen und auf den Stufen des Bodhisattvas zum Zustand des Mahasattva-Bodhisattva emporschreiten. Man wird nun auf gleicher Stufe und in vertrauter Freundschaft mit Samanta Badhra und Manjusri leben und ohne Unterbrechung im Besitz der Dharma-Natur sein. Man empfängt das Lob aller Buddhas, die das prophetische Wort sprechen werden, dass ein solcher den Zustand des Buddha erreichen wird.

Dieses waren die aufeinander folgenden Stufen unseres Herrn Buddha seit seinem Aufstieg in den Himmel von Tushita, sein Abstieg in den Schoß seiner Mutter der Königin Maya, sein Verständnis des Dharmas, sein Erwachen unter dem Bö-Baum, sein Sieg über Mara und dessen Heere, seine vollkommene Erleuchtung, seine Predigt des Dharmas und sein Eingang in das Parinirwana. Dies bedeutet, dass man zwei Körper besitzt, den wahren und jenen der Erscheinung, der Ton und Echo, Gestalt und ihrem Schatten gleicht. Der wahre Körper ist zu allen Zeiten und an allen Orten allgegenwärtig. Der Körper der Erscheinung vollbringt alle Taten eines Buddhas. Solches ist die Aufgabe eines Mahasattva-Bodhisattva, die man mit der Übung des Dhyanas zu erfüllen beginnt.

Im Avatamsaka Sutra heißt es, dass die Bodhisattva-Schüler, sobald sie die Übung des Dhyanas beginnen, schon die vollkommene Erleuchtung erlangt und verstanden haben, dass die Erkenntnis, die in der wahren Natur aller Erscheinungen verkörpert ist, auf keinem anderen Pfad als dem der vollkommenen Erleuchtung erlangt werden kann. Im gleichen Sutra heißt es auch, dass der neue Bodhisattva, wenn er die Vereinigung mit dem Tathagata erreicht, tatsächlich zahllose Körper empfangen hat und jeder dieser Körper Buddha ist. Im Parinibbana Sutra steht geschrieben: „Die Anfangsstufen der Mahasattva-Bodhisattvas können nicht vom Höchsten Buddha unterschieden werden. Doch tragen die neuen Mahasattva-Bodhisattvas eine schwerere Last der Verantwortung."

Im Mahavagga-Sutra spricht der Herr zu Sona Kutakanna: „Es gibt bestimmte Mahasattva-Bodhisattvas, die zum ersten Mal Dhyana üben und doch schon würdig sind, unter dem Bö-Baum zu sitzen."

Man muss verstehen, dass diese Schüler in Wirklichkeit in Erscheinung tretende Buddhas sind. Dies steht in dem „Sutra des Guten Gesetzes": Eine Prinzessin der Nagas, Schülerin des Manjusri, die noch nicht einmal acht Jahre alt war, schenkte dem Buddha wie einem Gleichgestellten ein kostbares Kleinod.

In allen Sutras wird von den neuen Mahasattva-Bodhisattvas berichtet, dass sie alle Dhyanas des Buddhas besäßen. Dies bezeugt auch der Mahavagga. In ihm benutzt man den ersten Buchstaben des Sanskrit-Alphabetes AUM, um die Einheit auszudrücken. Und im „Lotus-Sutra" heißt es, dass Ziel des in der Welt erscheinenden Buddhas das Offenbaren und Befreien der Wahrnehmung und Erkenntnis ist, die einem Buddha zu eigen sind, doch jedem Lebewesen innewohnen. Im Nirwana-Sutra steht geschrieben, dass wir die Natur des Buddha empfangen haben und immer im Maha Nirwana wohnen.

Dies ist ein kurzer Abriss über die Vollendung der Vollkommenen und Höchsten Wahrheit. Nun wollen wir die Vollendung dieser Höchsten Weisheit durch die Buddhas betrachten. Da man nicht die Bedingungen beobachten kann, in denen der vollkommene Geist eines Buddha lebt, so beschränkt sich unser Wissen von den Mitteln, durch die ein Buddha höchste und vollendete Wahrheit erlangt, auf die Lehren der Sutras. In diesen finden wir nur zwei Arten, wie die Buddhas Dhyana üben. Im „Lotus des Guten Gesetzes" steht: „Alle (Mahasattvas-Bodhisattvas) loben unaufhörlich mit heiterer Ruhe und voller Eifer die Weisheit aller Buddhas." So üben sie die Verwirklichung des Dhyanas. Denn das Verständnis der Vollendeten und Vollkommenen Höchsten Weisheit kann nur durch Übung gewonnene, eigene Erfahrung vermitteln.

Der „Nirwana-Sutra" benutzt mehr als hundert Umschreibungen, um die Befreiung nach der Ausdeutung oder im Sinn des Maha Nirwanas zu erklären. Nach diesem Sutra bedeutet Nirwana Anhalten, das heißt, dass die Buddhas die Höchste und Vollkommene Weisheit durch die Übung des Anhaltens empfangen. Maha Nirwana wird „der ruhige, ununterbrochene Samadhi" genannt. Hier bedeutet Samadhi Anhalten.

Im „Lotus des Guten Gesetzes" wird die höchste Vollendung, auch wenn sie durch Schlussfolgerungen aus der Übung, der Erfahrung erklärt wird, doch zusammengefasst im Begriff des Anhaltens. Es heißt, dass selbst die Vorstellung des Höchsten Nirwana ebenso wie der Fortdauernde und ruhevolle Samadhi der vollkommenen Erfahrung der Leere gleichen. Im Nirwana-Sutra wird die Höchste Vollendung, auch wenn sie durch Schlussfolgerungen aus der Übung des Anhaltens erklärt wird, in Begriff der Erfahrung zusammengefasst. Sie besteht aus den drei höchsten Eigenschaften: Dem Wesen der Wahrheit, der Kraftsubstanz des Prajna, dem Glückseligen Frieden als Klang des Maha-Nirwana.

Wenn auch das Thema des Höchsten Nirwanas in diesen Sutras verschieden behandelt wird, so verfolgen doch beide die zwei Übungen des „Anhaltens und der Erfahrung". Alle beide betrachten die Vollkommene Höchste Vollendung als gemeinsames Ziel der Intuition und der Erkenntnis, zugleich auch der Liebe und Weisheit. Die Schüler Buddhas müssen voller Demut und Geduld die Tatsache erkennen, dass Anfang, Mitte und Ende des Weges zum Zustand des Bodhisattva gleicherweise unbegreifbar sind. Der „Suvarna Prabhasa Sutra", der neuerdings wieder übersetzt wurde, erklärt, dass die Buddhas der Vergangenheit unbegreifbar sind, dass die Buddhas der Gegenwart unbegreifbare Kräfte besitzen und die Buddhas der Zukunft niemals zu vernichten sind. Dies trifft zu, da die Buddhas auf den zwei Pfaden, dem Anhalten und Erfahren zur Höchsten und Vollkommenen Weisheit gelangen und diese Pfade nicht zwei verschiedene sind, sondern ein einziger Mittlerer Pfad, dessen Ziel die Vollkommene Höchste Erleuchtung ist.

Zum Schluss hoffe ich aufrichtig, das ihr alle, die ihr euch der Übung des Dhyanas widmet, schnell von den drei Giften befreit werdet: Von Begehrlichkeit, Hass und Täuschung und von den fünf Hindernissen: Begehrlichkeit, Angst, Unwissenheit, Stolz und Zweifel. Solange der Geist mit der Bürde dieser Gifte und Hindernisse belastet ist, werdet ihr, so groß auch eure Anstrengungen sein mögen, keine Wohltat durch Dhyana empfangen. Darum heißt es im Prajna-Sutra: „Alle Buddhas erlangen ihre Befreiung durch die Mittel ihres eigenen Geistes. Dieser ist rein, durchsichtig, unbefleckt, frisch und klar, da die sechs Sinnesebenen fleckenlos sind. Auch du musst lernen, deinen Geist im gleichen Zustand zu bewahren, dann wirst auch du die Große Erleuchtung erlangen."

Anhang:

Das Wesen des Geistes

In der vollkommenen Ruhe von Körper, Seele und Geist, wenn die verursachenden Gedanken schweigen, findet man seine wahre Natur, „das Wesen des Geistes". „Unsterbliche Wesenheit" nennen ihn die Hermetiker, die rein, wahr und eins mit der universellen Wahrheit ist. Nach Evans Wentz ist die Wesenheit des Geistes nichts anderes als der kosmische oder universale Geist, dem alle Vierpoligkeit bewusst ist. Diese universelle Wesenheit ist unzerstörbar, da sie seit jeher existiert, jungeboren, nicht geschaffen, nicht gestaltet, eins mit dem Akasha der allseitigen Wahrheit. Die Erkenntnis, dass die Wesenheit des Geistes vierblättrig ist und dem Zustand des Buddhas gleicht, ist die gesuchte Erfahrung. Diese Wesenheit des Geistes wird manchmal der wesenhafte Geist in uns genannt. Gewöhnlich ist er durch unsere falschen Ansichten verdunkelt. Im Zustand der tiefen Meditation aber, wenn das Bewusstsein gereinigt und beruhigt ist, werden wir erhellt von diesem wesenhaften, den vier Tattwas unterstehenden, Geist, der in seinem wahren Wesen nicht von dem Universalen Geist zu unterscheiden ist. Das gleiche wird in den Schriften des Zens angedeutet, wo man den Rat gibt, man sollte „sein wahres Gesicht" oder seine wahre Natur erkennen, die weder Geburt noch Tod unterworfen, ewig dem Ewigen vereint ist.

Im grenzenlosen Raum des Weltalls ist alles Spiel oder Offenbarung des Tri Kaya (der drei Körper). Alles durchdringend ist diese Denkkraft das Wesen des Geistes, das ungeschaffen, unpersönlich, unzerstörbar ist und nur aus sich selbst existiert.

Die Wirklichkeit

Alles Geborene, Gestaltete, aus einer Ursache Hervorgegangene, ist ohne Dauer, dem Vergehen ausgeliefert. Auch alle Bestandteile der Persönlichkeit, die aus einer Ursache oder aus vorhergehenden Ursachen entstanden, sind von vergänglicher Natur, auf etwas bezogen in der Welt der Bezogenheiten. Nur jener, der „identisch ist mit sich selbst", der niemals geschaffen wurde, also auch unzerstörbar ist, wird als wirklich oder als die Wirklichkeit betrachtet. Das Wesen des Geistes (Akasha) oder

der Wesenhafte Geist in uns besteht aus der Natur des Alls und ist somit nicht geschaffen und nicht zerstörbar. Dies muss erfahren werden.

Tri Kaya, die drei Körper des Buddhas

Die Lehre von den drei Körpern wurde vor allem von Vasubandhu vertreten, wie Genmyo Ono bezeugt. Sie entstand, so erklärte dieser, allem Anschein nach zu Beginn des 6. Jahrhunderts. Von der Mitte des fünften bis zum Beginn des sechsten Jahrhunderts hat sie sich entwickelt und entfaltet. Vasubandhu lebte in der Mitte des fünften Jahrhunderts. Wörtlich übersetzt bedeutet Tri Kaya die drei Körper (Ebenen) des Buddhas. Um die Bedeutung dieser Lehre zu verstehen, wäre es für uns leichter, den Tri Kaya, bestehend aus:
- Dharmakaya – Mentalkörper
- Sambhogakaya – Astralkörper
- Nirmanakaya – stofflicher Körper

als drei Aspekte (drei Grade) der hohen Geistigkeit der Höchsten Wahrheit zu betrachten, von denen der eine subtiler ist als der andere. Die buddhistische Deutung der drei Körper ist:
„Der Kosa kennt zwei Deutungen des Dharmakaya. Nach der einen sind es die innewohnenden Eigenschaften des Buddhas, nach der anderen ist es die fleckenlose Persönlichkeit, die er besitzt" (N. Dutt). Diese Eigenschaften existieren als Kraftsubstanz im Wesen des menschlichen Geistes. Wenn man sie verwirklicht, bedeutet dies das Erlangen des Buddha-Seins. Dies besagt der Satz: „Den Dharmakaya des eigenen Geistes verwirklichen" (Sutra des 6. Patriarchen). Dharmakaya bedeutet häufig: Wirklichkeit, Wahrheit. Denn der allwissende Geist eines Buddha ist eins mit dem Dharma und ist die Wahrheit selbst. „Sein eigener Geist ist ungeschaffen, da er von der Natur des Dharmakayas ist" (Tibetanischer Yoga).
Der Samboghakaya ist ein anderer Aspekt (Grad) des Ur-Geistes eines Buddhas und eines Bodhisattvas des Erbarmens. Er stellt die seelischen Eigenschaften oder heitere Ruhe dar.
Der Nirmanakaya ist der Aspekt eines Buddhas, der, in der Erscheinung des menschlichen Körpers, das Gesetz – den Dharma – zu lehren vermag. Dies geschieht durch Mittel, die dem Verständnis des Menschen angepasst sind, während Buddha selbst sich stets der absoluten Wahrheit bewusst bleibt und nicht in die Schlinge der Worte verfällt, die er zur Unterweisung der

Unwissenden, anwendet.

VERZEICHNIS DER FREMDWORTE

Alayavijnana: Die reine Bewusstseinswahrnehmung, die nach Vasubandhu (6. Jahrhundert) Höchste Wirklichkeit ist. Dieses höchste Bewusstsein ist ewig und voller Seligkeit (Sukha). Nach dem „Buddhismus" von A. David-Neel ist Alayavijnana „das Gefäß, das alle Keime des Bewusstseins enthält".
Antuara Samyak-Sambodhi: Die Höchste Übersinnliche Weisheit.
Asana: Folgende Stellung: Bei gerader Körperhaltung wird der Blick auf die Nasenspitze gerichtet. Die Beine sind gekreuzt, der linke Fuß liegt auf dem rechten Oberschenkel, der rechte Fuß auf dem linken. Die Handfläche der linken Hand ist auf den Rücken der rechten gelegt. Der Abendländer, der die Beine nicht auf diese Weise kreuzen kann, sollte nur die Knöchel kreuzen.
Asavas; Befleckungen des Geistes: Begierde des Fleisches, Haften am Leben, jede Art von Unwissenheit, einschließlich jener über die wahre Natur des substanzlosen „Ich" und die Vergänglichkeit alles Zusammengesetzten.
Asura: Eine Art von Deva-Riesen, die voller Zorn und Kampflust sind.
Bodhisattva: Ein Wesen, dass die zehn Paramitas oder Vollendungen auf seinem Weg zum Zustand des Buddhas übt. Aus Mitleid bleibt der Bodhisattva in der Welt, um alle Lebewesen zu befreien. Die Paramitas sind: Spenden, Zucht, Geduld, Eifer, Meditation, Kontemplation, Geschicklichkeit in der Unterweisung der Lehre, übersinnliche Kräfte, Identifizierung mit der höchsten Weisheit, die Kraft, sich mit dem Leben aller zu vereinigen. Der Bodhisattva ist ganz Weisheit und Erbarmen geworden.
Buddha: Bezeichnung dessen, der „aus dem Traum der Unwissenheit erwacht ist". Der Erwachte, Erleuchtete.
Citta: Geist-Herz. Gedanken (citta), Geist (manas), Erkenntnis (vijnana). Das Denken wird citta genannt, weil es ansammelt. Es wird Manas genannt, weil es erkennt. Es wird Vijnana genannt, weil es seinen Gegenstand unterscheidet.
Dharma: Verschiedenste Bedeutungen. Die wichtigste ist das Gesetz des

Weltalls, die Unterweisung Buddhas, die Lehre, die Höchste Wahrheit usw.
Dharma bedeutet auch „was eigenen Charakter besitzt". Die Dharmas sind
bedingt oder nicht bedingt: Der Edle Pfad, der Raum, die Unterdrückung
der Leidenschaft (nirodha).
Dharmakaya: Das gleiche wie die Leere, jenseits aller Begriffe und jeder
Bestimmung. Das nicht Geschaffene, nicht Gestaltete, nicht Veränderte
(Evans-Wentz).
Dhyana: Meditation, die wesentlichste Übung der Gedankenbeherrschung.
Klesa: Moralische Verderbtheit oder Leidenschaft. Man rechnet hierunter
zehn Arten: Begierde, Hass, Unwissenheit, Eitelkeit, Irrtum, Zweifel,
Erstarrung, Stolz, Mangel an Scham, Hartherzigkeit. Manchmal sind es
auch nur fünf Arten: Begierde, Hass, Unwissenheit, Eitelkeit, Stolz.
Mahasattvas: Die „Großen Wesen", die auf dem Pfad des Dharmas
vorangeschritten und im Begriff sind, Befreiung zu erlangen.
Mahayana: „Das Große Fahrzeug". Die nördliche Schule, deren Anhänger
unter anderen die Buddhisten Chinas, Tibets, Japans, Nepals sind.
Manjusri: „Der Ruhmreiche mit der Lieblichen Stimme", der Bodhisattva
der Mystischen Weisheit, dargestellt mit dem Buch der Weisheit, dem
Prajna-Paramita in der linken Hand. Er ist dem Dhyani-Buddha des
Westens, Amithaba und dem Bodhisattva des Erbarmens, Avalokiteshvara
gleichgestellt.
Mara: Der König der bösen Geister, die Personifizierung der Begierde.
Matta prajna: Übersinnliche Denkkraft.
Nirwana: Die geistige Befreiung, nachdem das rechte Wissen erlangt und
die Idee der Persönlichkeit und des Ich überwunden sind. „Zustand jenseits
der Leiden" (nennen ihn die Tibeter), der erlangt ist, wenn die drei
Wurzeln: Begehrlichkeit, Hass und Unwissenheit vollkommen ausgerissen
sind.
Prajna: Übersinnliche Weisheit.
Rahu: Einer der Asuras, der wie es heißt in Drachengestalt Sonne oder
Mond verdeckt und Ursache der Sonnenfinsternis ist.
Samadhi: Zustand der tiefen Meditation. Es gibt mehrere Arten des
Samadhi oder des Zustandes der Versenkung, von den Zuständen an, in
denen man noch ein Gefühl der Unterscheidung besitzt (savikalpasamadhi)
bis zum vollkommenen Versinken in die unterschiedlose Einheit
(nirvikalpasamadhi).
Samantabbadra: Der Adi-Buddha, ohne Anfang und Ende, Quelle aller
Wahrheit. Nicht eine persönliche Gottheit, sondern die Personifizierung des

Dharmakaya oder der nicht mehr bedingten geistigen Kräfte und Gesetze des Alls. Der Name Samanta-Bhadra wird auch einem Bodhisattva zuerteilt, der den Dhyani-Buddha des Südens im Bardo Thödol der Tibeter begleitet.
Samapatti: Ausgedehnte Sammlung oder Konzentration, von Gedanken begleitet oder ohne Gedanken. Vollendung oder Frucht des Samadhi.
Sastra: Schriften, die die Erklärungen der Meister und buddhistischen Philosophen mit Ausnahme von Buddha selbst enthalten.
Sraddha: Vertrauen, manchmal mit Glauben übersetzt. Es ist aber ein vernünftiger Glaube an das, was unser Verstand geprüft und gebilligt hat.
Sunyata: Leere (kein Nichts), Mangel an Wirklichkeit und Ich-Substanz, oder das Fehlen einer selbständigen Wesenheit in allen Erscheinungen. Die Erkenntnis in ihrem ursprünglichen nicht veränderten Aspekt – das gleiche, wie die Wirklichkeit in ihrem wahren Wesen, das unterschiedslose Absolute, das man die Leere nennt.
Suprapunna: Ein Schüler Buddhas.
Sutra: Heilige Schrift, angeblich Buddhas Lehre.
Tathagata: Bezeichnung für Buddha „der gekommen ist wie die anderen". Das heißt, wie die anderen Buddhas, um die Wesen zu befreien, den gleichen Weg verfolgend, der immer zur Befreiung führt, und von neuem die ewige Wahrheit lehrend.
Tien-Tat: Schule, die in China von Chih-Hi am Ende des 6. Jahrhunderts gegründet wurde. Ihr Name stammt von dem Berg, auf dem das erste Kloster stand. Sie sieht in den Lehren der anderen Sekten die vielfältigen Aspekte des Dharma und verehrt die heilige Schrift vor allem den „Lotus des Guten Gesetzes" (Saddharma Pundarika). In Japan heißt diese Sekte Tendai und wurde von Dengyo Daishi 805 A. D. gegründet.
Tummo: Das Wissen, das psychische Wärme durch Atemübungen und Schau herzustellen vermag. Im Himalaja von tibetischen Einsiedlern geübt, um die große Kälte zu ertragen, oder von indischen Yogi, um die große Hitze auszuhalten. Dies heißt, dass sich die Yogi nach Belieben unempfindlich machen für Kälte und Wärme.

Weitere Bücher aus dem Christof Uiberreiter Verlag:

Das goldene Blatt der Weisheit
Seila Orienta/Franz Bardon

Zum ersten Mal in der okkulten Literatur wird die 4. Tarotkarte des Hermes Trismegistos verständlich beschrieben und offengelegt. Sie beinhaltet unbekannte Konzentrations- und Meditationsübungen. Des Weiteren gibt sie Hinweise und erklärt die Unterschiede zwischen Magie und Mystik und Gefahren des einseitigen Weges. Am Ende steht die Verbindung mit der universellen Gottheit, dem Herrn der Sonnensphäre, welcher quabbalistisch „Metatron" genannt wird.

*

5. Tarotkarte – Mysterien des Steins der Weisen
Seila Orienta/Franz Bardon

Dieses Buch stellt die Vorderseite der Alchemie dar, die die einzelnen praktischen Übungsschritte erklärt, ohne die verschlüsselten Mystifikationen der alten Alchemisten auch nur annähernd zu erwähnen, wie man es aus den anderen Büchern des Franz Bardon kennt. Es wird erklärt, dass ohne vollkommene Beherrschung der 4 Elemente keine Alchemie möglich ist. Des Weiteren wird mit den einzelnen Ebenen, mit den Matrizen, dem elektromagnetischen Fluid usw. gearbeitet. Doch der Hauptpunkt stellen die göttlichen Eigenschaften wie z. B. die Allmacht dar, mit denen der Göttliche Stein der Weisen durch gewisse Übungen geladen wird.

*

Talismanologie und Mantramkunde
Seila Orienta/Franz Bardon

Zum ersten Mal werden hier (magisch) geladene Mantrams – Gebetssätze – preisgegeben, welche bei nötiger Reife, Ausgeglichenheit und Reinheit durchdringende Erfolge versprechen. Mantrams sind ja nach Bardon nicht irgendwelche „Suggestionssätze", sondern sie sind Ideenausdrücke, mit denen man mit Mächten, Kräften, Eigenschaften, also Gottheiten, in Verbindung kommen kann. Gleichzeitig werden die dazugehörigen Siegelzeichen der göttlichen Ideen preisgegeben, welche im rituellen

Zusammenhang mit den Mantrams stehen. Ein Buch, dass nicht nur die Hermetiker, sondern auch die Anhänger der Yogawissenschaften inspirieren wird!

*

Eine Sammlung der schönsten und lehrreichsten Beschwörungsgeschichten
Hohenstätten

Dieses Buch ist einzigartig, denn es zeigt den zweiten Band von Franz Bardon an Hand von interessanten Evokationsberichten, die genau das bestätigen, was Bardon in seinem Buch geschrieben hat, und noch darüber hinaus. Es werden sensationelle Erlebnisse geschildert, die man sonst niemals findet. Auch aus unveröffentlichten Schriften wird zitiert.

*

Verkörperungen des Meister Arion
Hohenstätten

Man wird beim Lesen dieses Buches nicht glauben, wie viele bekannte und unbekannte Inkarnationen Franz Bardon hatte. Die paar, die im „Frabato" bekannt gegeben wurden, stellen nur einen geringen Teil seiner Verkörperungen dar. Wir mussten, da es dermaßen wenig Literatur über die Verkörperungen gab, wieder hunderte und aberhunderte von Büchern, Aufsätzen, Zeitschriften und Artikeln durcharbeiten, bis wir genügend Material für dieses Buch hatten. Aber der Leser wird sich beim Lesen sicherlich über unsere Arbeit freuen, denn sie wird ihn in Erstaunen versetzen!

*

Shamballa, der goldene Tempel des Lichts
Hohenstätten

Dieser Tempel dürfte jeden Leser von Bardons Roman „Frabato" fasziniert haben. Dass es aber in der okkulten Literatur noch viel mehr Informationen darüber gibt, die man aber nur findet, wenn man alles Veröffentlichte gelesen hat, dürfte dem einen oder anderen unbekannt sein. Es wurden wieder ganze Stöße von Büchern durchgesehen und das Ergebnis wird hier veröffentlicht. Es wird aber gleichzeitig darauf hingewiesen, wie viel Schundliteratur es darüber gibt, wie viel Lügen im Umlauf sind, damit sich der Schüler der Hermetik ein klares Bild machen kann. Wir bringen in diesem Buch alles, was wir an Material darüber gefunden haben und es wird auch noch einiges aus der eigenen Erfahrung, was das Wertvollste ist, mitgeteilt. Nicht nur über den Tempel wird berichtet, sondern auch über die damit verbundene „Bruderschaft des Lichts", dessen Sitz er darstellt.

*
Auf der Suche nach Meister Arion
Hohenstätten

Diese Autobiographie eines Schüler der Hermetik des Franz Bardon schildert sein magische Leben, in welcher zahlreiche Erfahrungen zu den Übungen aus dem Adepten geschildert werden, die die Hauptperson selbst erlebt hat. Es wird der schwere Weg des Adepten aus autobiographischer Sicht gezeigt, seine vielen Tiefschläge, aber auch seine glanzvollen Seiten und Zeiten. Der harte Kampf mit dem Seelenspiegel wird bis in alle Einzelheiten aufgezeigt, genauso wie die vielen anderen Wege, in welche der Autor reinschnupperte, um dadurch reichlich Erfahrung sammeln zu können. Darüber hinaus enthält es unzählige Erfahrungen und Berichte betreffs Mantramistik nach Bardon, die wahre Runenmagie, zahlreiche Evokationen sowie Invokationen mit seinem Lehrer Anion, einen magischen Exorzismus, wie er bisher noch nie öffentlich geschildert wurde. Mentalreisen, Beeinflussungen, Übungen zur Gottverbundenheit, Erscheinungen, Alchemie, Heilungen mit den verschiedensten magischen Methoden z. B. Quabbalah oder durch die Elemente, Schutzgeistevokationen und viele andere magische „Wunder" seines Freundes und Lehrers Anion. Auch einige magische Fotos in Farbe, ein bisher von Bardon unveröffentlichtes Akashafoto von Christus und ein Bild des schwebenden Meister Arion werden in diesem Buch preisgegeben. Der Inhalt ist viel reichlicher, als hier kurz beschrieben werden kann.

*
Magisches Gleichgewicht
Hohenstätten

Dieses Buch zeigt eindeutig, dass in allen anderen Systemen das „Gleichgewicht" genauso gebraucht wird, wie bei Bardons Werken. Er war nicht der Einzige, der das erwähnte, aber er war der erste, welche es deutlich erklärte, denn die anderen Systeme sprachen nur durch das Symbol, welches nicht jedem Leser verständlich war. Obendrein bringen wir noch Unveröffentlichtes vom Meister Arion zu dieser Grundlage der magischen Entwicklung.

*

Das Leben und die Erfahrungen eines wahren Hermetikers
Seila Orienta

Diese Autobiographie eines Magiers ist unübertroffen, denn bis jetzt hat kein einziger, okkult Geschulter, so offen und ehrlich gesprochen wie Seila Orienta. Er gibt in diesem Werk sein Leben bekannt, sowie seine zahlreichen und äußerst interessanten Erlebnisse und Erfahrungen. Es werden auch zum ersten Mal Fotos von Wesen der Sphären gezeigt, welche Franz Bardon höchstpersönlich in den 20ern gemacht hat. Des Weiteren schreibt Seila Orienta über die Sphären, über Dämonen, Logenkontakte und vieles, vieles mehr, was einem ehrlich strebenden Hermetiker das Herz übergehen lassen wird.

*

Das Leben des Franz Bardon
Hohenstätten

Dieses Buch beschreibt das Leben des Meisters außerhalb des Frabatos, welches seine Sekretärin – Otti V. – geschrieben hat. Es beinhaltet Erklärungen zu seiner „Biografie", weitere Einzelheiten über den Kampf mit der FOGC, seine Beziehung zu Wilhelm Quintscher und anderen Okkultisten, was alles bisher unbekannt war! Des Weiteren werden viele Erlebnisse seiner Schüler in Prag erzählt, verschiedene magische Leistungen und interessante Geschichten Bardons beschrieben, die bis dato unveröffentlicht sind. Es werden auch seine drei Lehrwerke und deren Wirkung auf die Öffentlichkeit von einem anderen, unbekannten Standpunkt geschildert, welcher durch bisher schwer zugänglichen Schriften unterstützt wird. Als Krönung wird seine aus dem tschechischen übersetzte „Runenschrift" zum ersten Mal veröffentlicht. Auch einige Seiten aus anderen unveröffentlichten Schriften von ihm sowie interessante Fotos des Meister Bardon und seiner Freunde werden hier preisgegeben und vieles, vieles mehr.

*

In Verbindung mit der Gottheit
Hohenstätten

Über das Thema der Gottverbundenheit mit all seinen Formen und

Methoden wurde bis heute noch nie ein Buch verfasst geschweige denn eine Schrift geschrieben. Man findet in der okkulten wie in der östlichen Literatur nur spärliche Hinweise, die größtenteils verschlüsselt sind oder so geschrieben wurden, dass man sie kaum versteht. Im Gegensatz dazu wird in diesem Buch offen dargelegt, dass das 1. kleine Arkanum der 78 Tarotkarten die Gottverbundenheit in ihrer Reinform darstellt.

*

Hermetische Heilmethoden
Hohenstätten

Dieses Buch stellt in der okkulten Literatur ein absolutes Unikum dar, denn über die Gesamtheit der okkulten Heilmethoden wurde bis jetzt noch NIE etwas Sinnvolles geschrieben. Es werden alle Heilmethoden erwähnt, die der hermetische Schüler mit Hilfe seiner bisher erlangten Konzentrationsfähigkeit ausüben und verwenden kann.

*

Erste hermetische Zeitschrift

„Der hermetische Bund teilt mit" ist eine der wenigen magisch-mystischen Zeitschriften, welche sich soweit als möglich auf die universelle Lehre von Franz Bardon bezieht. Sie versucht sich an die Gesetze des 4-poligen Magneten zu halten und vermittelt Wissen sowie Hinweise für die Praxis, damit der Leser die Möglichkeit hat, sie in seinen hermetischen Weg aufzunehmen und für sich gewinnbringend zu verarbeiten.

Noch viel mehr hermetische Literatur finden Sie auf unserer Website: http://www.hermetischer-bund.com.

Viel Vergnügen beim Stöbern!

Der Verlag